タカラヅカの解剖図鑑

文／中本千晶
イラスト／牧彩子

X-Knowledge

はじめに

「タカラヅカのショーみたいな本にしたい」

そんな思いでこの本をつくってきました。そして目論見どおり、各章ごとに色がまったく違う楽しい一冊ができました。

プロローグにあたる第1章で、まずはタカラヅカの基礎知識をしっかりとお届けします。第2章「スター編」では舞台に立つことを夢見る7人のおとめの成長物語を見つけてください。「中詰《ちゅうづ》め」にあたる第3章「作品編」ではいろいろな作品を怒涛のように紹介し続けて、ふと気がつけば88作品！ タカラヅカの裾野の広さを感じ取っていただけると思います。

第4章では、タカラヅカそのものと同じぐらい面白いタカラヅカファンの生き様にもスポットを当てます。そして、フィナーレにあたる第5章ではタカラヅカ100年の歴史を近・現代史と並行させながら振り返ります。

ショーを観るときのようなワクワクした気分で、ページをめくってみてください。

さらにこの本では「タカラヅカ」を俯瞰的にとらえたい、歴史という縦軸、現代の社会や文化という横軸の中での「タカラヅカ」を描きたい。そんな思いもありました。

タカラヅカは「清く正しく美しく」というスローガンの下、伝統を継承しつつも時代とともに柔軟に変わりゆくたくましい存在です。これを本という形で定点でとらえるのはなかなか難しいことですが、そのダイナミズムを少しでも感じ取っていただければと思います。

深く楽しく面白いタカラヅカ・ワールドへようこそ。この本をきっかけにタカラヅカに興味を持ってくだされば嬉しいですし、すでにワールドの住人である皆さまがタカラヅカの新たな魅力を発見してくだされば、もっと嬉しいです。

目次

第1章 基本編

第2章

スター編

第3章

名作の紹介

脚本・演出などは初演時のものを記載しています

第4章 タカラヅカファンの生き様

第5章 タカラヅカの歴史

※本書は2019年時点での情勢をもとに制作しました。第4章で解剖する「入り待ち・出待ち」「お茶会」に関しては、新型コロナウイルス感染症の影響から現在は行われていない場合もございます。

ブックデザイン：
米倉英弘+山本夏美
（細山田デザイン事務所）
印刷：シナノ印刷

第1章

基本編

一度タカラヅカを観てみたいと思っている人向けの、かゆいところに手が届く基礎知識編。ビジネスや他ジャンルの芸能の世界とも比べながら、深く楽しく面白いタカラヅカワールドにいざないます。

男役という唯一無二の存在

男役とはタカラヅカ100年の積み重ねが生み出した珠玉の煌めき

タカラヅカの象徴《シンボル》・男役

リーゼントを作るのに
VO5(ヘアスプレー)は
必需品
手は大きく見せると
男らしさが出る
視線は2階席まで
ばっちり届ける
黒燕尾は
「男役の制服」
といわれる
ヒールの高さは
7cmぐらい
外股と大きな歩幅で
男らしさを表現

この世に実在するどんな男性よりも素敵な男性と出会えるのがタカラヅカだ。「女性が演じる男性」と聞くとキワモノ感があるが、舞台を観るとそんな先入観は吹き飛ばされてしまう。

一般に「男役10年」などと言われる。異なる性別の人間になり切るためには、立ち方、座り方、歩き方といった基本的な動作から体に叩き込む必要がある。基本動作だけではない。グラスの持ち方、タバコの吸い方、客席への目線の配り方やウインクの飛ばし方、キスシーンに至るまで、あらゆる動作で「いかに男らしくカッコよく見せるか」の工夫を凝らす。色気のある一人前の男役になるまでには10年はかかる。

その成果は切磋琢磨の中で互いに盗み盗まれ、先輩の「芸」は後輩へと受け継がれていく。だから男役は「100年の歴史の賜物」なのだ。とても一朝一夕で出来上がるものではない。

男役のタイプを『ベルばら』キャラ+αに分類

男役にも色々なタイプがあり、好みのタイプを見つけるのも楽しみのひとつだ。ここでは「男らしさ」「身近さ」の2つのモノサシを使った分類図を考えてみたので、ご贔屓スターをポジショニングしてみよう。(『ベルばら』については70頁参照)

貴族

フェルゼン型

端正な顔立ちにシュッとした立ち姿、軍服が最も似合うのもこのタイプ。庶民になっても溢れる気品が拭いきれないが「落とし胤《だね》」的役には説得力がある。

オスカル型

美しく気高く、そして繊細。リアルな男性にはなかなかできない役で本領を発揮するタイプ。妖精など人間ではない役もこのタイプの得意とするところだ。

男性

中性

アンドレ型

男らしさと包容力で女心をわしづかみ。「こういう男性に側にいて守って欲しい」と思わせる男性の役を得意とする。髭が最も似合うのもこのタイプ。

沖田総司型 ※

「ベルばら」にぴったりの役が見つからなかったが、大人になりきれない少年役が似合うタイプ。外見の元気の良さと内面の傷つきやすさのギャップに母性本能がくすぐられ、守ってあげたくなる。

※登場する作品の紹介は97頁へ

庶民

「型」でつくっていく点が歌舞伎と共通

歌舞伎の女形とタカラヅカの男役、違う性を演じるということで比較されがちだが、両者に共通するのが「女らしさ」「男らしさ」を型で作っていくという点だ。女形がナヨナヨとしなを作って女っぽく見せるわけではないのと同様に、男役もガサツにふるまえば男っぽく見えるわけではない（詳しくは次頁）。

男役の動作

基本動作

10年かけて身体に染み込ませる

狙いを定めて
ウインクを飛ばす！

指の節を見せて
グラスを持つと
男らしく見える

葉巻と
シガレットでは
持ち方も違う

背中で語れれば
一人前の男役

あえて足を組んで座る

黒燕尾群舞のポーズ

男らしさとエレガンスを感じさせる

フッ

通称
「花組ポーズ」
と呼ばれる
「男役の花組」を
象徴するポーズ

ハッ
—— 天を仰ぐ

1 代表的な衣装

軍服・スーツから和服まで…

若衆姿

和物は殺陣も見どころ

帽子の角度にも

ラテン

女性なのに
青天《あおてん》のカツラが
似合う不思議

娘役は強く、気高く、美しいです

彼女たちは娘役に生まれるのではない。娘役になるのだ

タカラヅカに咲く花・娘役

通称「輪っかのドレス」

女性が同じ女性を演じる娘役は、男役に比べるとラクに思えるが、まったくそんなことはない。「リアルな女性」と「娘役」は別物だ。女性が演じている「男役」がより男らしく魅力的に見えるためには、娘役もまた普通の女性以上に女性らしくあらねばならないからだ。そのためにタカラヅカの娘役は並々ならぬ工夫と努力を重ねている。

「男役さんを素敵に見せられる娘役でありたい」というのがタカラヅカの娘役の信条だ。今や日本でも絶滅危惧種となった「ヤマトナデシコ」の精神が、タカラヅカには生き続けている気がする。

しかし、ここでいう「女性らしさ」とは世の男性が求めるようなお色気のことではない。美しく清楚で品があって、女性にとっても「理想の女性」と思える存在でなければならない。「理想の女性像」は時代とともに変わっていく。そして、タカラヅカの娘役も時代とともに進化し続ける。

図解 タカラヅカの娘役はここがすごい！

髪飾り・アクセサリー

髪飾りやアクセサリーは役や衣装に合わせて手作り。衣装が決まってから舞台稽古までの短期間で作るので、時には徹夜をすることも。

ネックレス
イヤリング
髪飾り
踊るとキラキラ輝いて揺れるように…
ベースの板を熱で曲げて花びらのようにしている

ヘアアレンジ

ヘアアレンジは神業の域。しかも場面ごとに変化させ、同じ場面では一人として同じ髪型の人はいない。

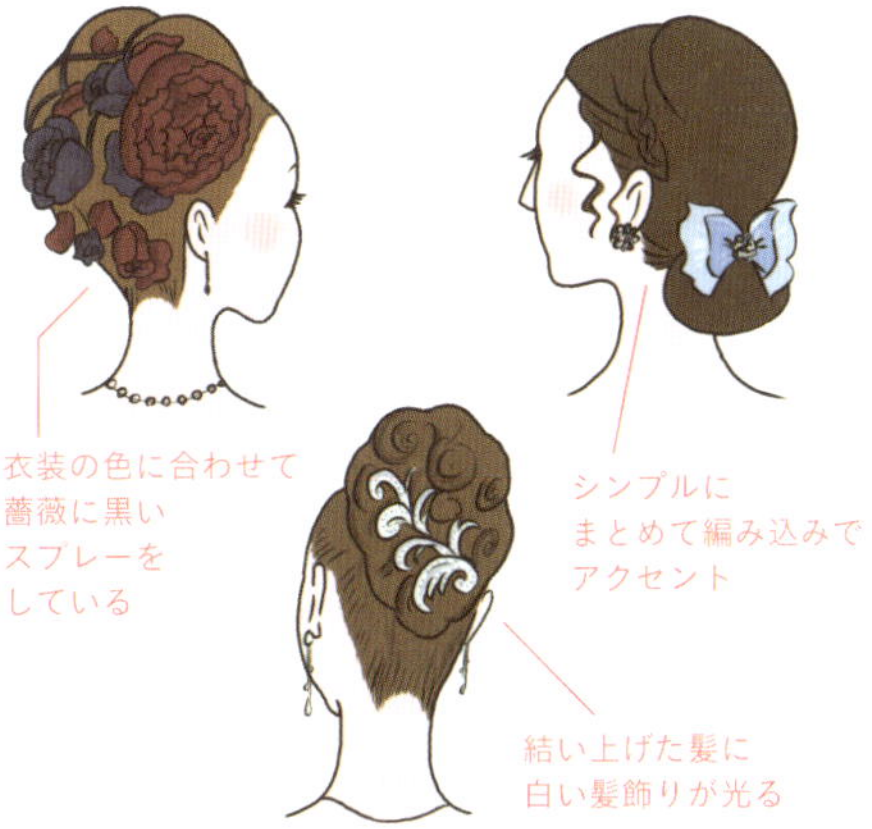
衣装の色に合わせて薔薇に黒いスプレーをしている
シンプルにまとめて編み込みでアクセント
結い上げた髪に白い髪飾りが光る

オフの姿も

オフの服装や髪型もプリンセス感を失わない。

す…すごい!!!!

何重にも編み込んでふんわりとまとめる
下ろしたスタイルでも毛先を巻いて一工夫
アップでも一部を少し垂らして遊びを入れる

仕事を持ち始めたヒロインたち

タカラヅカのヒロイン像は世の中の女性を映す鏡でもある。かつては「……の娘」や「……の妻」といった役柄がほとんどだった。それが変わり始めたのが80年代あたりからだ。女性の社会進出とともに、タカラヅカのヒロインも職業を持ち始めた。最近は主人公の男性と職場で対等に張り合うヒロインも珍しくない。

恋に生きて、恋に死ぬ
昭和のヒロイン

うたかたの恋のマリー
職業・なし

自分の仕事を持つ
令和のヒロイン

オーシャンズ11のテス
職業・歌手

娘役のファッション

代表的な衣装とポーズ

女子なら一生に一度は着てみたいものばかり

「マーメイドドレス」と呼ばれる

娘役なら一度は着てみたい「輪っかのドレス」

回ると広がるフレアのスカート

時おり見せるショートパンツ姿は新鮮

花魁役のときは襟を抜いて色っぽく

十二単は裾さばきも大事

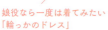

1 どんな衣装でも気品たっぷり

露出度高くても好感度も高い

- ダルマ＋ひらひらの布で通称「タコ足」

よく見ると
腹筋が
割れていたり
- 大胆なスリット入りドレスも意外と多い

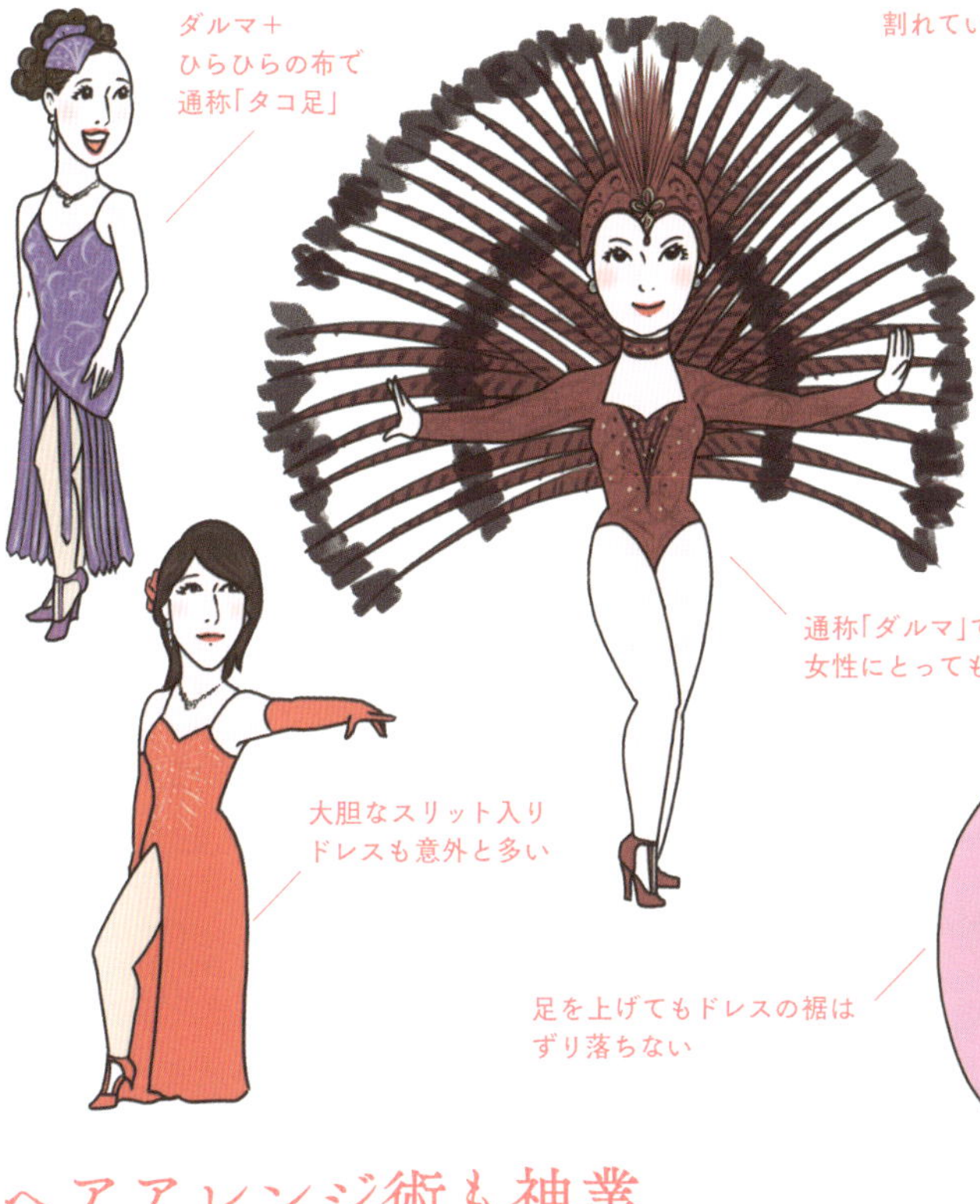
通称「ダルマ」で見せる脚線美は
女性にとっても憧れ
- 足を上げてもドレスの裾はずり落ちない

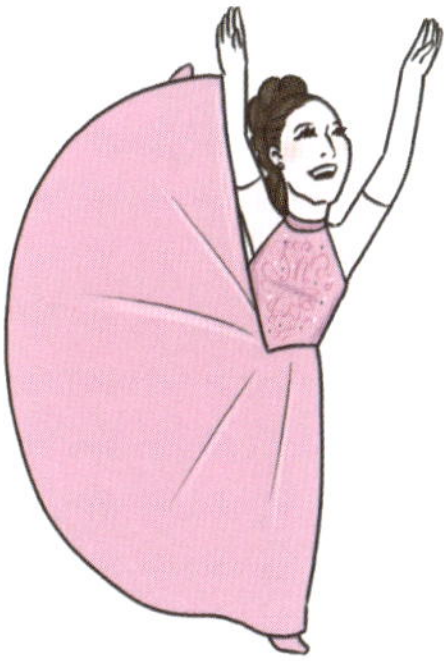

ヘアアレンジ術も神業

- ベリーショート♥
- 時にはショートボブ
- 一筋の

乱れもないお団子
- 前髪も自分に似合う形を工夫
- 片側に垂らしても乱れない
- 高く結い上げて高貴な身分の女性
- 黒髪ストレートで決める

花月雪星宙《そら》の5組があります

にじみ出る「組の個性」の面白さ

序列はないが、個性はある

タカラヅカには花・月・雪・星・宙《そら》の5組がある。いつ何時でも、表記する時はこの順番だ。何故なら、できたのがこの順番だからである。1921年にまず花組と月組ができた。続いて1924年、宝塚大劇場ができた年に雪組が、1933年、東京宝塚劇場ができる前の年に星組が作られた。その後、花・月・雪・星の4組体制が長らく続いた。そして1998年、久しぶりに新しく誕生したのが宙組である。

公演は基本、組単位で行われる。どの組も80名前後のメンバーで構成され、各組にそれぞれトップスターとトップ娘役がいる。演目も組による違いはない。したがって「5組の違いは?」と聞かれた時の公式回答は「なし」である。

だが、100年の歴史の中で、やはり組ごとの特徴は出てくるものだ。最近は「組の個性」に注目が集まり、組の伝統として受け継いでいこうという気風も強まっている。

5組ホトトギス

組の個性を、ホトトギス短歌になぞらえてみました。

花

鳴かぬなら
ウインクしよう
ホトトギス

月

鳴かぬなら
芝居で泣かせる
ホトトギス

雪

鳴かぬなら
一緒に練習
ホトトギス

星

鳴かぬなら
腕立て１００回
ホトトギス

宙

鳴かぬなら
ご飯食べよう
ホトトギス

花　キラキラの「花男(はなおとこ)」がウインクで秒殺。寄り添うのは可愛い「花娘」だ。

月　「芝居の月組」の伝統もありつつ、大地真央《だいちまお》や天海祐《あまみゆう》希《き》などのスターも生まれる組だ。

雪　「華も実力も」でチームワーク抜群。日本物も得意で着付けも所作も殺陣もバッチリだ。

星　アツい体育会系の組として知られ、100周年運動会でも気合で優勝をもぎ取った。

宙　新しい組だけにおおらかで「よく食べる!?」。コーラス場面の迫力にも定評がある。

「推し」と色との関係

たとえばミュージカル『テニスの王子様』では学校ごとに色が決まっており、ファンは「推し」の学校の色のものをさりげなく身につけて自己主張するなど、「推し」と色との関係は密接不可分だ。タカラヅカも「組」の色は何となく決まっていて、花組はピンク、月組はイエロー、雪組はグリーン、星組はブルー、宙組はパープルである。

5色そろったティッシュペーパーやお菓子、文具などを見つけると密かに喜んでしまう。

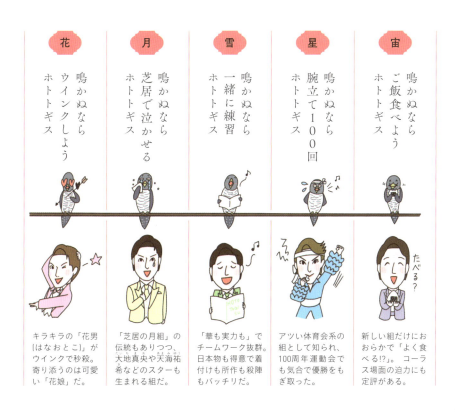

専科というエキスパート集団

舞台を引き締める重要な役を担う

実は、時代を映す鏡

タカラヅカには5組の他に「専科」というグループがあり、現在は10数人のメンバーが所属している。

「専科」とは、どの組にも出演できる人が集まる遊軍組織であり、組で経験を積んだ人が配属される。ここには芝居や歌や踊りなどの一芸に秀でたベテランが所属し、公演ごとにオファーされて出演する。そして、彼女たちは芝居の要となるような重要な脇役を演じる。

この「専科」は意外なルーツを持つ。レビュー時代の幕開けの1928年、「生徒を普通・舞踊・声楽の3科に区分」したのが始まりだ。つまり、レビューに必要とされる歌やダンスの上手い人を「声楽専科」や「ダンス専科」に配属し、いろいろな組の公演に出られるようにしたのである。

その後も「専科」の役割は時代と共に変化してきた（左頁）。そして今、専科の人材の豊富さが作品を豊かにする鍵を握っている。

専科の歴史

1950年代

「映画専科」ができたことも

在団中から映画『蝶々夫人』で主演し、その可憐さが評判となった八千草薫《やちぐさかおる》も映画専科に所属していた。

1930年代

「声楽専科」や「ダンス専科」の人が大活躍

レビュー時代に人気をさらった名コンビ、エッチン・タッチン（橘薫《たちばなかおる》・三浦時子《みうらときこ》）も声楽専科だった。全メンバーの半分以上が「ダンス専科」に所属したことも。

1960〜70年代

トップスターが専科に移って活躍

たとえば、雪組から専科に移った真帆志《まほし》ぶきは、伝説のショー『ノバ・ボサ・ノバ』（1971年星組・103頁）などに主演した。

専門職というキャリア

現在の会社組織には、課長、部長、役員、社長と登り詰める通常の出世コースとは別に、特定の専門分野を極める専門職コースが設けられていることも多い。タカラヅカの専科もそれに似ている。トップスターを頂点とするスターシステムとは別の、得意分野を極める道である。

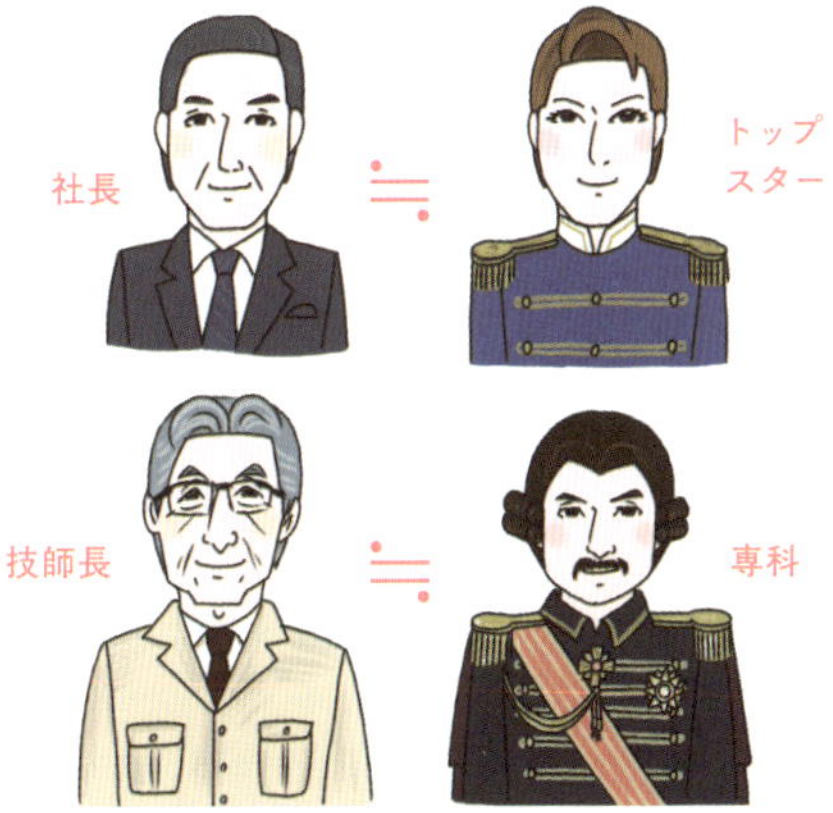

毎月、違う演目をやっています

ベルばらだけじゃない。和物から2・5次元までお好み次第

タカラヅカは新作主義が基本

「タカラヅカって、どんな作品を上演しているの？」そう聞かれると困ってしまう。なぜなら「一言では説明できない」くらい色々な作品を上演しているからだ。先月まで有名な海外ミュージカルをやっていたかと思えば、今月は着物を着たサムライが刀を振り回し、来月にはスーツを着こなしたイケメンが登場する。その振れ幅の広さは是非第3章で実感して欲しい。

　タカラヅカは基本的に「新作主義」を取っており、一度上演された作品はなかなか再演されない。劇団四季に行けばいつでも『ライオンキング』が観られるかの如く、タカラヅカに行けばいつでも『ベルばら』を観られるわけではないのだ。

　でも、作品との一期一会の出会いこそがタカラヅカならではの楽しみだ。たとえ初めて観た作品が気に入らなくても、できればもう何回か劇場に足を運んで欲しい。そうすればきっと好みに合う作品に出会うことができるだろう。

夢の世界を創りだす演出家たち

タカラヅカでは演出家が脚本と演出を共に手がける。若手から大御所まで、20数名の座付き演出家が多様な作品を生み出している。

タカラヅカの限界に挑戦

石田昌也

『銀ちゃんの恋』(87頁)
『黎明の風』(97頁)

『ベルばら』をつくった大御所

植田紳《しん》爾《じ》

『ベルサイユのばら』(70頁)
『風と共に去りぬ』(90頁)

海外ミュージカルの帝王

小池修一郎

『エリザベート』(72頁)
『ロミオとジュリエット』(74頁)

骨太な作風で
次世代を担う

上田久美子

『星逢一夜』(96頁)
『BADDY』(98頁)

※2022年に退団

2.5次元の女王

小柳奈穂子

『めぐり会いは再び』(92頁)
『ルパン三世』(112頁)

新作主義とロングラン

タカラヅカの新作主義は劇団四季のロングランシステムとしばしば比較される。だが、どちらも商業演劇としての安定的な運営を目指している点では同じだ。

良質の作品を長く上演することで利益率を上げるのが四季のロングランシステム、多様な作品を繰り出してファンを飽きさせず、その中から時代に合った大ヒットを生み出すのがタカラヅカの新作主義だ。この2つはそれぞれ作品主義（四季）、スターシステム（タカラヅカ）と密接に結びついている（→59頁に続く）。

新作主義

毎回違うスターに
会える！

ロングラン
システム

いつでもシンバに
会える

ミュージカルとショーの二本立て

1粒で2度美味しい！

ショーでは「芸名の自分」をアピール

お芝居では「役」を演じる

芝居がお気に召さなくても、ショーで必ず挽回

タカラヅカの上演作品は「一言では説明できない」くらい色々だが、大まかにはストーリーのある「ミュージカル」か、歌やダンス中心の「ショー・レビュー」かに分類される。そして、前半に「お芝居（オリジナルのミュージカル）」、後半にショー・レビューという二本立てが基本的である。

新作主義だけに、たまに残念な出来栄えのお芝居もあるが、前半でコケても必ず後半のショーで挽回できるのが二本立ての良いところだ。おまけに前半のお芝居ではご贔屓スターの演技力が、ショー・レビューでは歌やダンス、エンターテイナーとしての魅力が堪能できる。つまり役名のスターと芸名のスター、両方を楽しめて大変お得である。

というわけで、初めてタカラヅカを観る方には二本立てを強くお勧めしている。ちなみに、『ベルサイユのばら』や『エリザベート』といった一本ものの大作よりチケットも取りやすいことが多い。

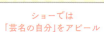

二本立て上演となった経緯

タカラヅカがミュージカルとショー・レビューの両方を上演するようになったのは歴史的な経緯による。元々は「歌劇」をやる劇団としてスタートしたが、1930年代から歌と踊り中心のレビューやショーの上演が始まった。戦後の1950年代後半からはミュージカルの上演が始まった（詳しくは第5章）。

上演作品のジャンルは時代によって変わってきた

日本の芸能はサービス精神旺盛？

　狂言は能の中の「笑い」の要素が分化してできあがったものだそうだが、深淵な能の舞台の合間に狂言があるとホッとする。歌舞伎にも「舞踊劇《ぶようげき》」というジャンルがあり、我が子の首を差し出したり男女が心中したりする話の後で華やかな舞踊があると気分転換になる。

　タカラヅカの二本立ての組み合わせも似たような効用がある。いつだって日本の芸能は観客をあの手この手で楽しませてくれるものなのだ。

男役トップスターが主役です

『カルメン』はホセが、『アイーダ』はラダメスが主役

主役となって愛を貫くトップスター

ヒロインは
ロマの女
カルメン

小説『カルメン』より

『激情』

主役はスペイン軍の兵士のドン・ホセ

自由奔放に生きるカルメンに激しく心惹かれ、我がものにしたい気持ちが抑えきれず、刃を向けてしまう

ヒロインは
エチオピアの
王女アイーダ

オペラ『アイーダ』より

『王家に捧ぐ歌』

主役はエジプトの将軍ラダメス

ファラオの娘アムネリスとの結婚ではなく、囚われの身となった異国の王女アイーダとの愛を選ぶ

現在、タカラヅカの作品の主役は男性だ。宝塚大劇場・東京宝塚劇場の公演で主役を演じるのは必ず男役のトップスターである。

だが、歴史を遡るとこれは絶対不変というわけではない。「男役のトップスターが男性の主役を演じる」という原則が確立したのは「ベルばらブーム」の頃からで、それ以前には女性が主人公扱いの作品も散見されるし、『風と共に去りぬ』の「スカーレット編」のように男役のトップスターが主役として女性を演じる例もあった（90頁参照）。

やはり女性のファンにはタカラヅカの舞台で理想の男性を見たいという思いがある。「男役のトップスターが男性の主役を演じる」原則も、その思いが反映された結果だろう。そう考えると、今後は数多のイケメンを侍らせるヒロインが主役で、ファンも彼女に自分を投影できるという作品もありかもしれない!?

トップと二番手の関係が面白い

「二番手」はトップスターの次に出番が多く、主人公の親友や敵役などの重要な役を演じる男役スター。二番手は公式に決められているわけではないが、プログラムの写真の大きさや配役、フィナーレで背負う羽根の大きさなどで何となくわかる。

見守り系

『ファントム』(77頁）より、息子エリック（トップスター）を見守る父親、キャリエール（二番手）

敵対関係

『THE SCARLET PIMPERNEL』(76頁）より、主人公パーシー（トップスター）の、恋敵でも政敵でもあるショーヴラン（二番手）

親友（パートナー）

『ポーの一族』(82頁）より、二人で時を越えた旅に出る、エドガー（トップスター）とアラン（二番手）

オスカルを男役が演じるということ

『ベルサイユのばら』のオスカルは女性だが主役であり、タカラヅカでは男役が演じる役である。だが、身も心も男性になり切る努力を続けてきた男役が、男装だが心は女性のオスカルを演じるのは意外に難しいものらしい。演者によって「男っぽさ」と「女らしさ」のバランスが様々であり、そこがこの役ならではの見どころとなっている。

心は女性

姿は男性

トップコンビが織り成す愛の形

体は引き離されても、心は絶対に結ばれるのが愛の方程式

タカラヅカ流 愛の方程式

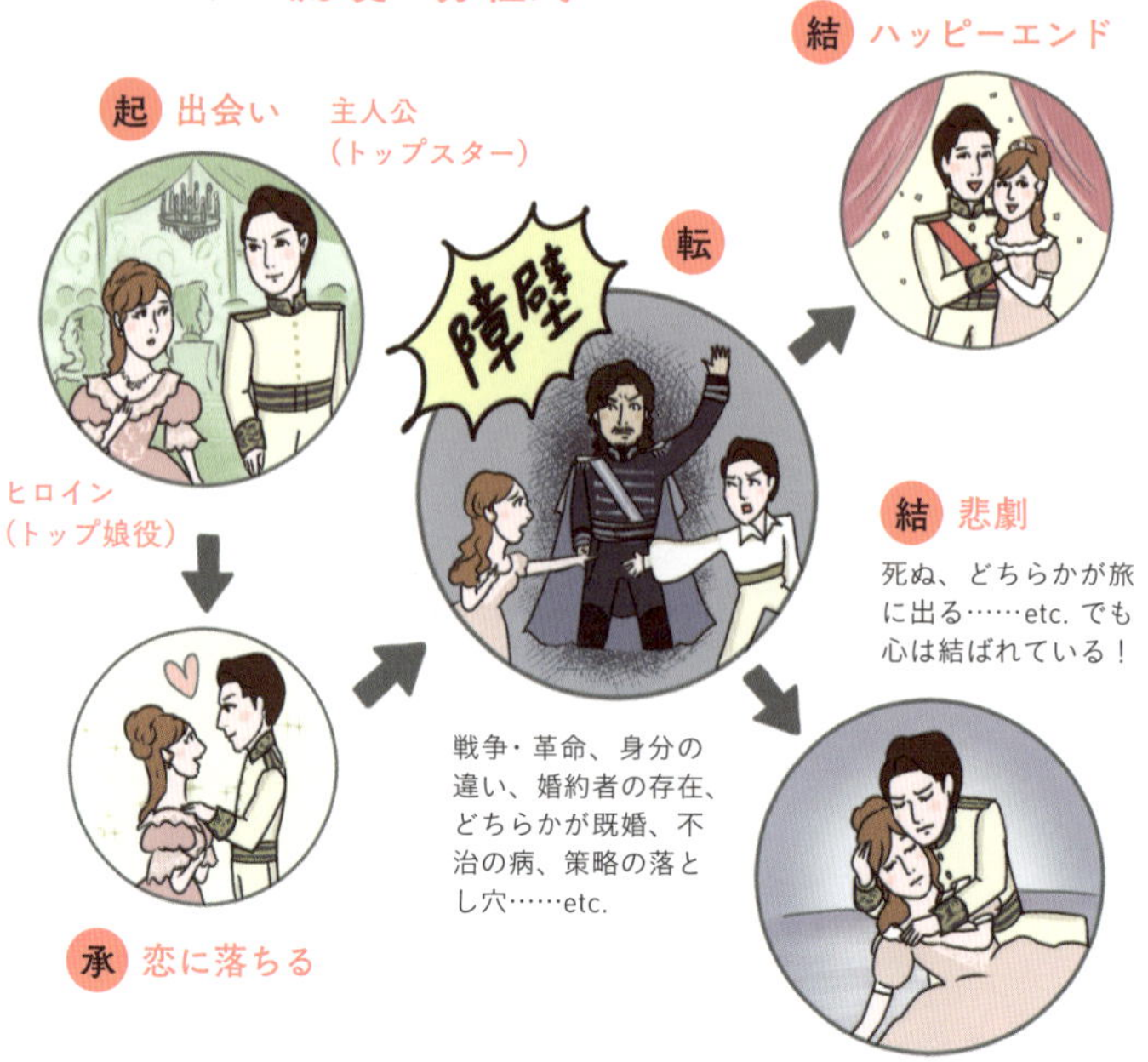

お芝居でもショーでも常に中心となるのは、各組のトップスターとトップ娘役である。トップコンビの華やかな並びや息の合ったお芝居はタカラヅカならではの見どころであり、理想的な「ゴールデンコンビ」の誕生はファンの待ち望むところだ。最近は「俺について来い」型の古風なコンビだけでなく、トップスターとトップ娘役が対等に渡り合う今風なコンビもファンの支持を集めている。

これまでの人気作には、トップコンビが演じる男女が出会い、恋に落ち、様々な障壁を乗り越えて恋を成就させるというタカラヅカ流「愛の方程式」が物語の核となっているものが多かった。障壁を乗り越えられず悲劇的な結末を迎えることも少なくはないが、その場合もフィナーレでは必ずスモークが一面に立ち込める夢のようなデュエットダンスで、観客を幸せな気分に引き戻してくれる。

こんな関係もやっちゃう！

最近は時代の流れの中でトップコンビが見せる愛の形も多様化している。たとえばこんな関係になることも……。

『銀河英雄伝説@TAKARAZUKA』(99頁）より、宇宙を手に入れることを目指すラインハルトとヒルダ

『金色の砂漠』(2016年花組　作・演出／上田久美子）より、王女タルハーミネとその奴隷、ギィ

『1789』(75頁）より、革命の波に呑まれるマリー・アントワネットと、革命を起こすロナン

トップコンビ制の歴史は1980年代から

「トップコンビ制」が確立したのは1980年代に入ってからのことで、それまではトップスターが様々な娘役とコンビを組むこともあった。今やその関係はしばしば「夫婦」の関係に例えられる。揺るぎない信頼関係で支え合いながらも、それぞれが自立しているのが現代の理想的な夫婦のあり方だが、それはタカラヅカのトップコンビも同じだ。

トップコンビが見せる技

デュエットダンスの胸キュンポイント

二人が織りなす物語

男役にもたれる時の
絶妙なバランス感覚

手を取り合うときは、
男役の手が下、
娘役が上

リフトは
信頼関係のなせる技

お互いの呼吸が合えば楽に持ち上がる。娘役の体幹の引き上げと思い切りも重要

愛は憎しみ、
憎しみは愛……

せーの！で
ポーズ

後ろから
見つめるときの
熱いまなざし

おじぎするとき、
体のラインから
滲み出る品格

腕を組み、
見つめ合う
笑顔が
たまらない

どの作品のラブシーンでしょうか？

答えは145頁！

番外編 プライベートでも仲良し？

舞台以外で仲良くしているトップコンビに遭遇すると、幸せな気持ちになる

雑誌(42頁参照)の撮影の合間にはしゃぐ2人…

トップコンビで観劇

ショーは魂の祭典です

エレガントな「レビュー」とダイナミックな「ショー」

押し寄せる美の暴力を、考えずに感じてください

ミュージカルは他の舞台でも観られるが、歌とダンス中心のショーやレビューをこれほど大がかりに常時公演している劇団はタカラヅカだけだ。ショーやレビューを見ずしてタカラヅカを語ることはできない、と言っても過言ではない。

　ちなみに、「ヨーロッパ的なエスプリとエレガンスを基調としたもの」がレビュー、「現代的でスピーディな構成・演出を特徴としたもの」がショーといわれるが、現在はお芝居に対する「ショー」というときはその中に「レビュー」も含んだ意味として使われることが多い（本書でもそのように使用しています）。

　ショーでは歌やダンスの得意な人が大活躍だ。また、タカラヅカ独自の舞台機構である大階段《おおかいだん》、銀橋《ぎんきょう》（37頁）の威力もショーでいかんなく発揮される。銀橋を通るスターが客席に放つウインク、これぞ美の暴力における最終兵器である。

図解 ショーの「起承転結」

転 ストーリーのあるドラマチックな場面

起 プロローグ、最初は全員の華やかな顔見せ

結 フィナーレ、いよいよ大階段が登場する

承 二番手スターが中心となるシーンなどから「中詰め」へ

「フィナーレ」の流れ

定番メニューはラインダンス、トップコンビのデュエット、男役・娘役の群舞など。最後は「シャンシャン(33頁)」を持った出演者が順に大階段を降りてくる「パレード」で終わる。

「中詰《ちゅうつ》め」とは

ショーの中締めの場面のこと。出演者が銀橋(37頁)に勢ぞろいし、一旦ここで盛り上がりが頂点に達する。

ショーは「祭り」だ！

ショーの後半、死んでしまうトップスター

生き返るトップスター！その姿はまさに、「神」

ショーのクライマックスで感じるカタルシスは、祭りが最高潮に達したときの感覚に近いものがある。あの高揚感がクセになるから何度も通いたくなるのかも!? 最近は客席参加型の演出も多いが、一緒に楽しまないとソンだ。何しろショーは「祭り」なのだから。

神は細部に宿る

夢の世界を形づくる魔法は、こだわりの職人技の積み重ね

細部まで徹底的にこだわるお衣装

タカラヅカ・ピンクの法則

タカラヅカの衣装の豪華さはよく知られているが、その真髄は客席からあまり見えない部分に発揮されている。スーツの裏地、よくよく見ると凝った刺繍、ドレスの下に見え隠れする靴に至るまで、細かな部分にもこだわりがあり、どこにも隙がない。華やかでありながら品格もある色使いは100年の伝統の為せる技である。端役の人の衣装がお粗末ということもない。

出演者も役どころに合わせつつ自分に似合う髪型やアクセサリーをそれぞれ工夫している。役名もない通行人や舞台の一番端で踊る人に至るまで皆そうだ。いつも感心するのは8人ぐらいの群舞の場面で、髪型もアクセサリーも全員違うのに全体のバランスはちゃんととれていることだ。これらを見逃さないためにもオペラグラスは必須である。

まさに「神は細部に宿る」とはこのこと。その心意気で仕事もしたいといつも思う。この本もそんな風に作りたい。

小道具の作り込みも見どころの一つ

シャンシャン

フィナーレのパレードで全員が手に持つ小道具。名称の由来は1950年8月『アラビアン・ナイト』のパレードで出演者が持った小道具についていた鈴の音色。リボンの長さは2.2m。

イニシャルの『N』(『眠らない男・ナポレオン』)

扇子を畳むとタバコに変身！(『BADDY』)

鈴がついてシャンシャンと音が鳴る（『王家に捧ぐ歌』）

黄金の獅子（『銀河英雄伝説』）

猫がテーマのショーなので、猫じゃらし風（『Gato Bonito!!』）

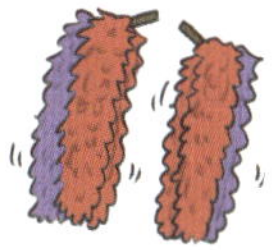

トップスターは白ワイン。ほかの皆は赤ワイン（『Santé!!』）

こんなところまで！

作品ごとの小道具は「宝塚歌劇の殿堂」で見ることができる。

カゴの中の小鳥が消える仕掛け

『異人たちのルネサンス』より

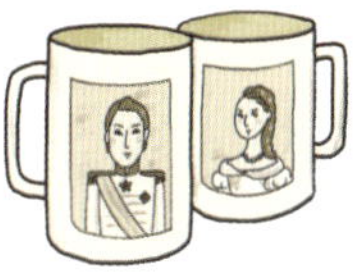

『エリザベート』より

製造日が公演の初日、賞味期限が千秋楽の日付となっている

『カンパニー』より

似顔絵はもちろんそっくりに

『Thunderbolt Fantasy』より

ヘアメイクさんはいません

一般女子は加齢に負けないため、タカラジェンヌはライトに負けないために濃いメイクをする。外国人を演じることが多いため、ドーランも多色使いで彫りを深く見せる工夫もする。メイクは自分でするので上級生になるほど上手くなるし、上級生を見て学ぶから、結果として組による違いも出てくる。

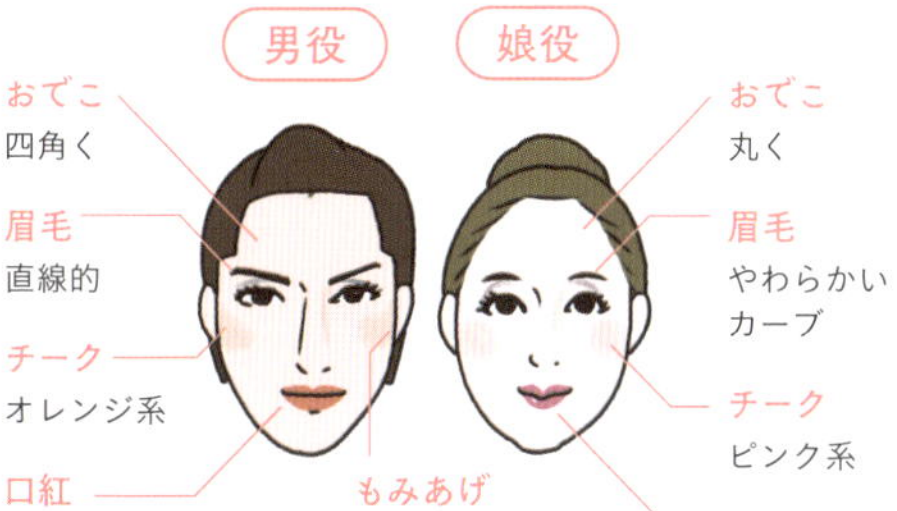

メイク映えするのは「余白のある」顔立ち。目はぱっちりしていなくても描けば良いのである

ダンスはブレンド 音楽は洋楽

100年間、生オケにこだわっています

洋楽に合わせて日本舞踊を踊る

タカラヅカの舞踊は、洋物ではバレエが基本である。だが、男役はより男らしく、娘役は男役を引き立てつつ自身もより美しく見えるように振付に工夫が凝らされ、進化してきた。男役のダンスの究極形ともいえるのが黒燕尾の男役群舞であり、その一挙一動に男役のエレガンスが凝縮されている。いっぽう最近はストリート系のダンスも増えており、巷で注目されているダンサーが招聘《しょうへい》されて振付を担当することも多い。

和物においては日本舞踊が基本だ。ところが、タカラヅカでは音楽は常に洋楽が使われ、しかも必ずオーケストラによる生演奏だ。たとえ和物であっても三味線や箏《こと》はあまり登場しない。このため日本舞踊もオーケストラの生演奏に合わせて早いテンポで集団で踊れるよう「タカラヅカ流」に進化してきた。それにしてもバレエと日本舞踊、まったく異なる舞踊を両方踊りこなしてしまうタカラジェンヌの身体能力はすごい。

ダンスの名場面は振れ幅が広い！

バレエ、ジャズダンスからストリートダンス、タンゴやフラメンコまで、様々なジャンルのダンスをもとにした振付が多彩なシーンを創り出す。

Classical
『クラシカル　ビジュー』（2017年宙組）より
黒燕尾を来た男役が踊る、正統派のダンス

Otokomae
『ＣＯＮＧＡ!!』（２０１２年花組）より
海賊と子分たちが男くさくキザる

African
『GOLDEN JAZZ』（2016年月組）より
半身ライオンの女性が雄々しく踊る

Freedom
『BEAUTIFUL GARDEN』（２０１８年花組）より
男性アイドルグループのように軽やかに

タカラヅカに生オケは不可欠

タカラヅカの知られざる贅沢ポイント、それは「生オケ」だ。ファンは有り難みを忘れがちだが、音楽好きの人にとっては応えられない魅力である。

じつはこれ、タカラヅカ創設以来の小林一三《いちぞう》のこだわりだ。一三が生涯を賭けた夢は「『歌舞伎』に代わる新時代の『国民劇』をつくること」だった（132頁参照）。そしてそれは洋楽を使った「歌劇」であると一三は考えた。だから宝塚「歌劇」なのであり、オーケストラによる生演奏も不可欠なものとされたのだ。

東西の大劇場で毎日公演

最新技術が夢の舞台を動かす

タカラヅカは全国各地で観られる！

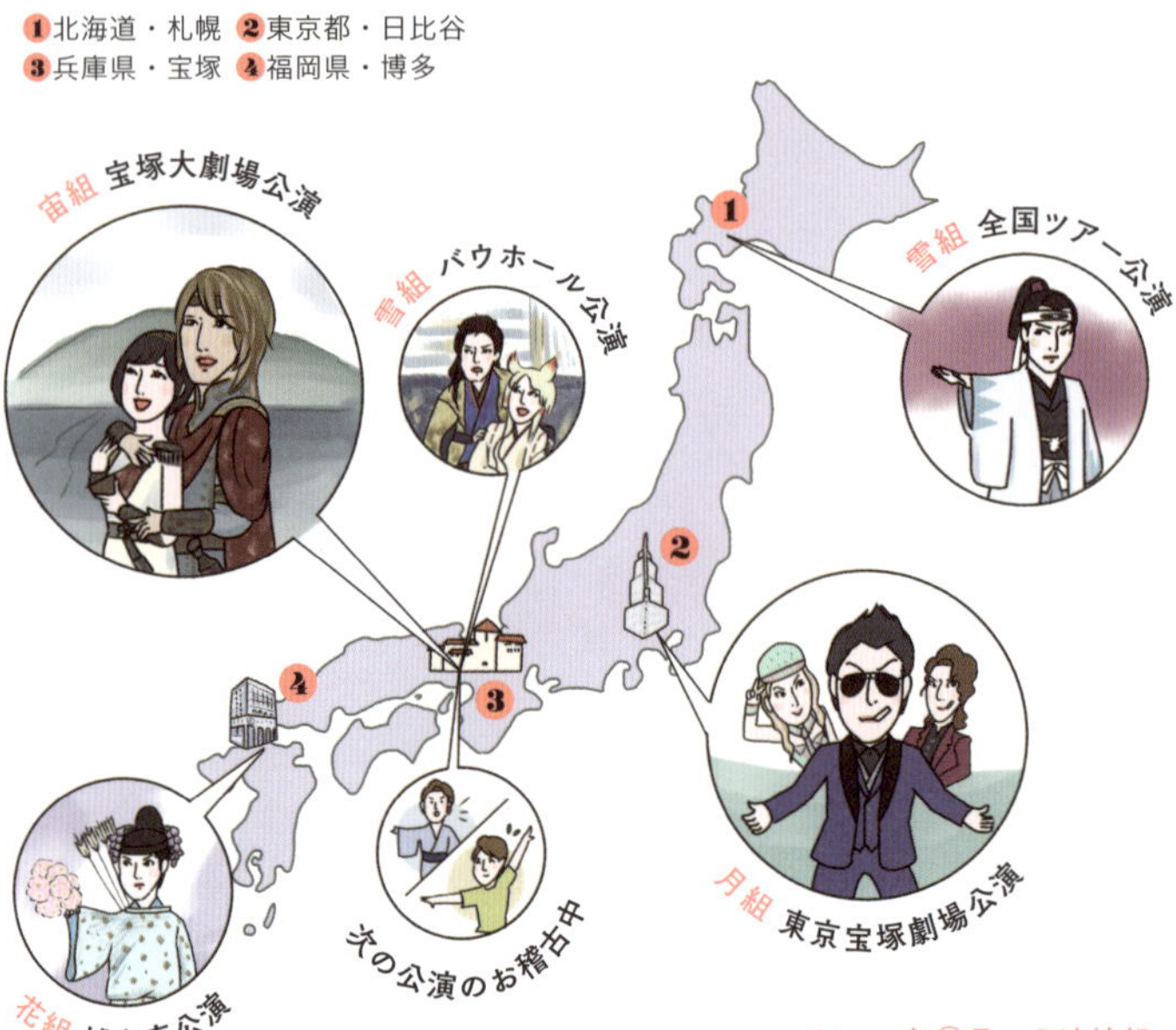

20××年○月の公演情報

宝塚歌劇団のホームグラウンドは兵庫県宝塚市にある「宝塚大劇場」である。阪急宝塚線の終点、大阪・梅田から急行で33分ののどかな場所にある。そして東京・日比谷にも「東京宝塚劇場」がある。両劇場ともに「大階段」「銀橋」など独自の舞台機構を備えている。客席数は宝塚大劇場２５５０席、東京宝塚劇場２０６５席。ちなみに歌舞伎座は１８０８席、帝国劇場は１８９７席である。

この2つの大劇場で5組が交代で公演を行っている。一組の公演期間は約1カ月強。まず宝塚大劇場で公演を行い、約半月ほどを経てから今度は同じ演目を東京宝塚劇場で上演する。

各地を巡る全国ツアーも年に3回程度あるから、首都圏や関西以外に住んでいる人でも気軽に足を運べるチャンスはある。たまたま全国ツアーでタカラヅカに出会った少女が未来の大スターになるかも!?

宝塚大劇場機構図

兵庫県宝塚市にある「宝塚大劇場」の舞台機構を図解。

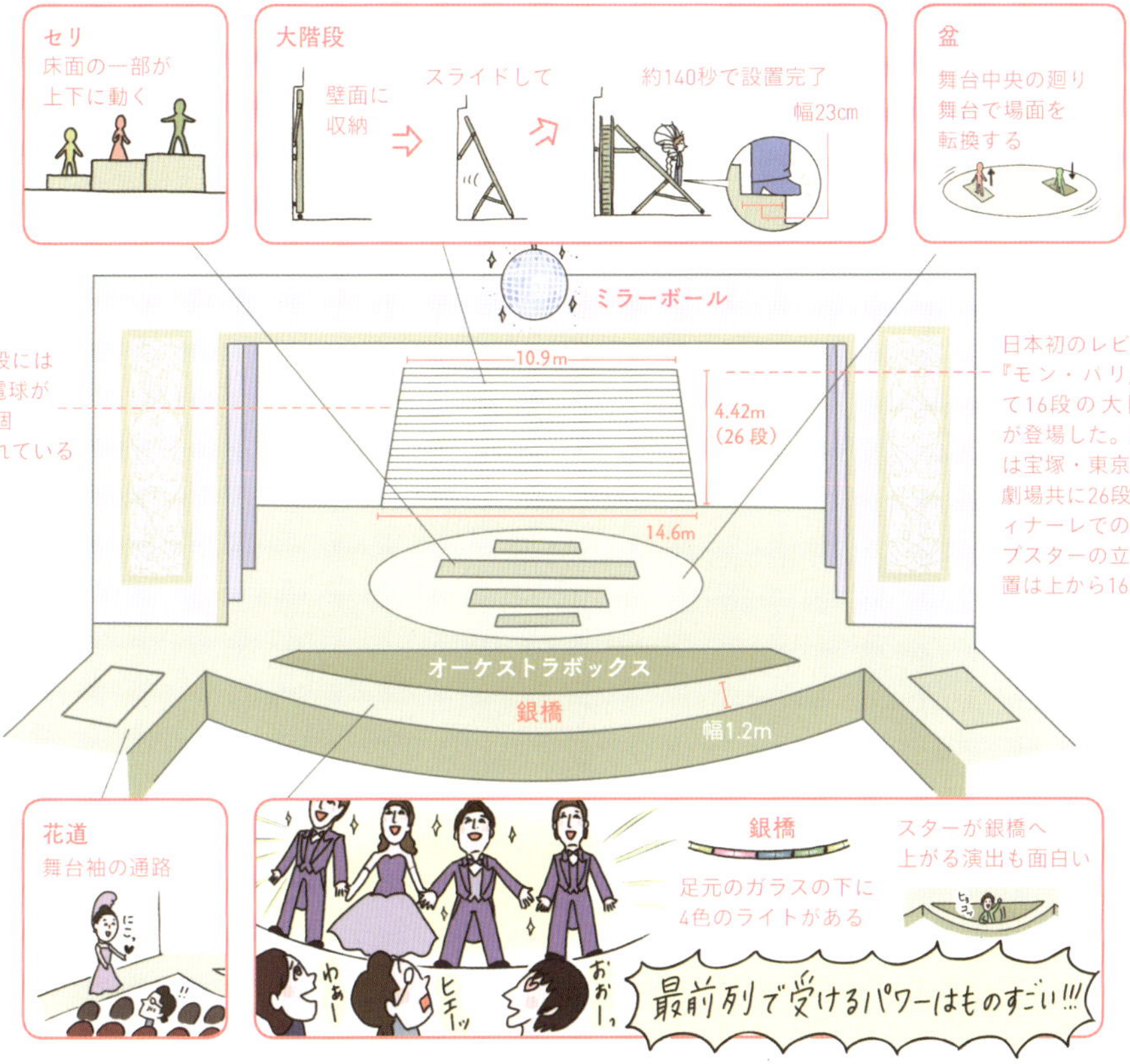

「ムラ」の話

もともと「宝塚」は武庫川の右岸の村の大字《おおあざ》のひとつだった。この地には多くの古墳があり、その中に人々に幸せをもたらす「宝の塚」があるという言い伝えが地名の由来だ。これが縁起が良いからということで温泉名にも採用された。

現在の宝塚はれっきとした「市」だが、タカラヅカファンはなぜか「ムラ」という（使用例：「私、今週末はムラ遠征なの」）。ファンは今なお残るノスタルジックな雰囲気への愛着を込めて、そんな風に呼ぶのだろう。

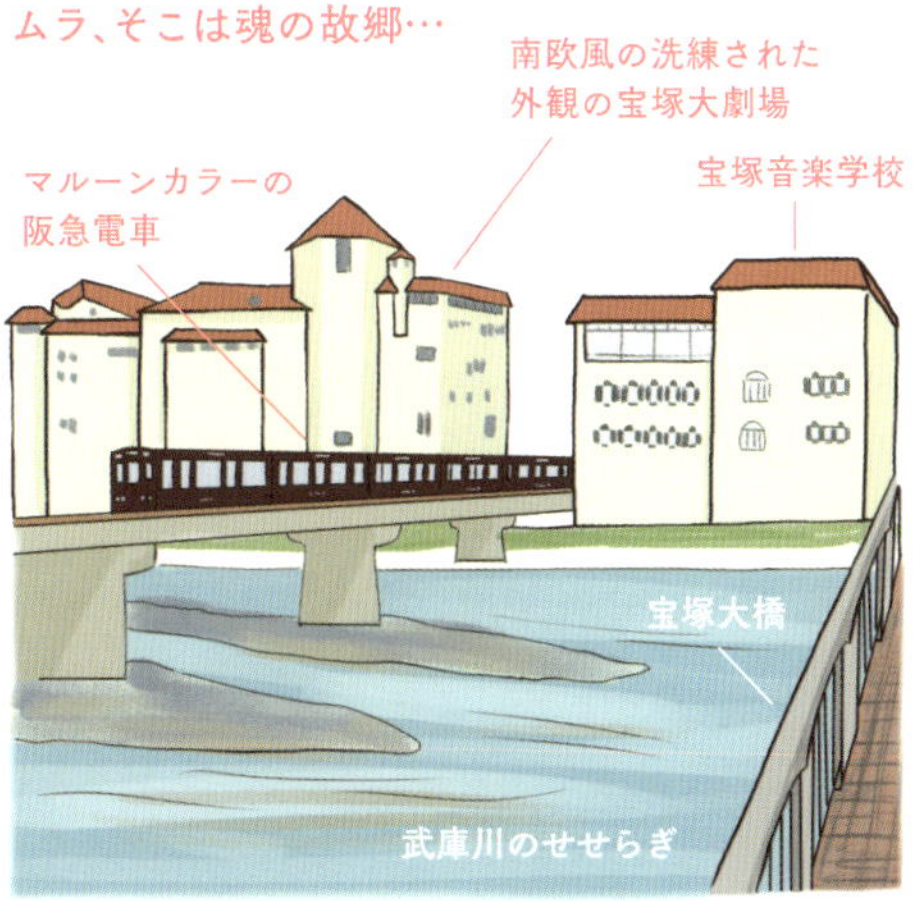

はじめて観る人も、怖がらないで

ルールを守って楽しく観劇しましょう

観劇7つ道具
カーディガン
夏場は冷房がきつい時も多いため必需品
クリアファイル
公演チラシが入るA4サイズのもの
公演チラシ
オペラグラス
劇場で借りることもできる
チケット
席番を手帳などにメモしておくと安心
ハンカチ
汗や涙を拭く
のど飴
咳が出そうになった時用
眼鏡
忘れると実は一番困る
服装は自由！

「タカラヅカを観たい」、そう思ったら気軽に「行けばいい！」。何しろ東西の大劇場でほぼ毎日公演しているのだから、思い立った日が吉日だ。公演開始時間は宝塚大劇場が11時（火・木・土・日）、13時（月・金）、15時（火・木・土・日）、東京宝塚劇場は11時（土・日）、13時30分（火・水・木・金）、15時30分（土・日）、18時30分（火・木・たまに水曜日も）である。水曜日は宝塚大劇場の休演日なので付近の飲食店も水曜日が休みのことが多い。東京宝塚劇場の休演日は月曜日だ。

公演時間は「きっちり3時間」。二本立ての場合、前半のミュージカルが約1時間半、30分の幕間《まくあい》休憩を挟んで、後半のショーが約1時間だ。開演時間が遅れることもないし、カーテンコールが長々と繰り返されて終演時間が予想外に延びたりすることもない。このあたり、さすが鉄道会社が運営する劇団である。

図解 タカラヅカ流・幕間《まくあい》の過ごし方

おすすめ！東京宝塚劇場名物・ダジャレ公演デザート

『オーシャンズ・イレーズン』

『ハ！ソレ食べネイト宝塚！』

『ダルタニ杏仁〜たべたいよう〜』

『行け！フェルぜんざい』

トイレもたくさんあるので安心

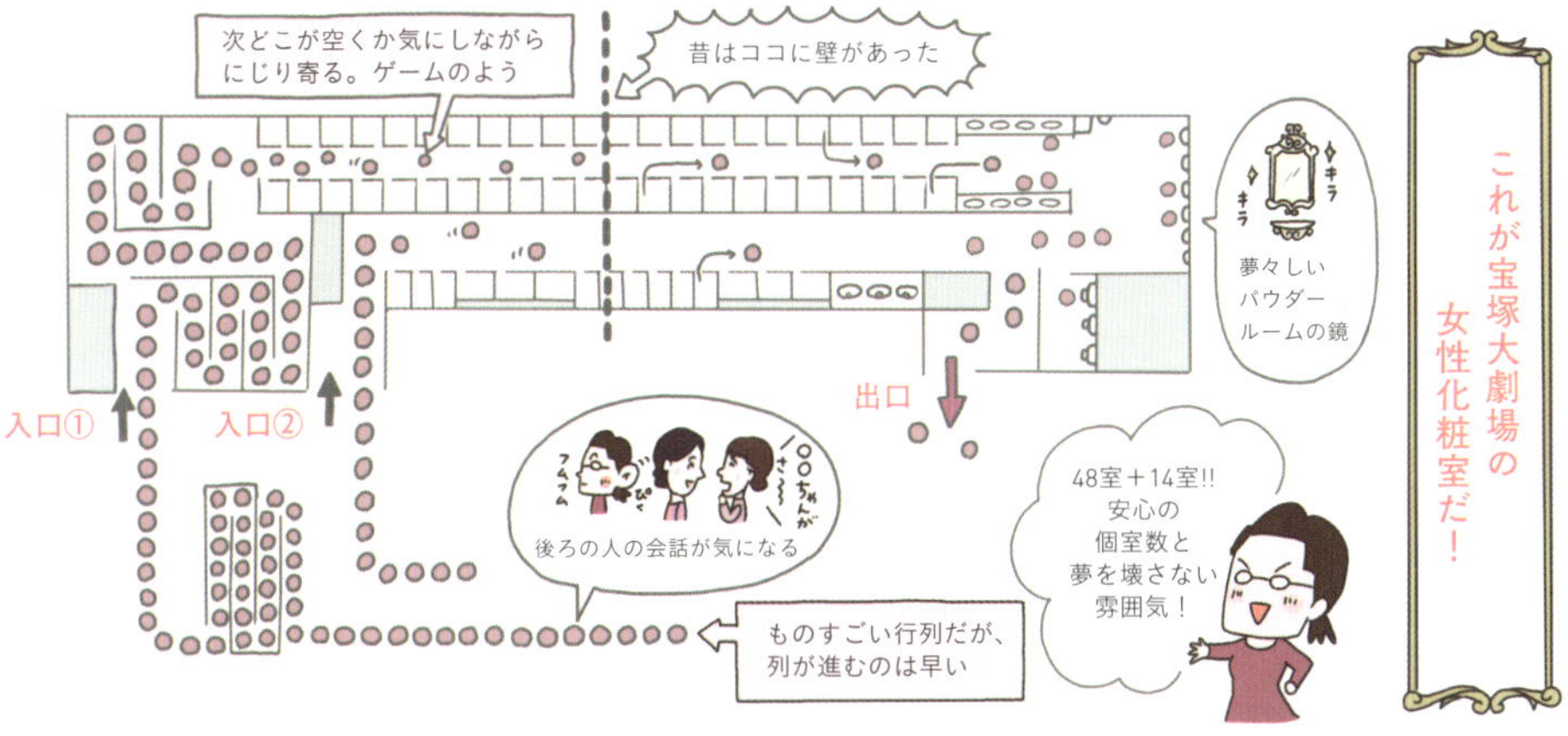

周りの人に迷惑をかけないこと

劇場の雰囲気は観客一人ひとりがつくるもの。「夢の世界」の担い手のひとりとして、マナーを守って楽しく観劇しよう。

こんな観客はダメダメ！

紙・ビニール袋の音を立てる

帽子を被ったまま

上演中のおしゃべり

前のめりでの観劇

チケットの取り方はいろいろ

ホテルパックから当日券まで、あるところにはあるさ

チケットを取るために必要な4つの力

1 体力

当日券に並ぶ体力（徹夜で並ぶのはダメ）

2 運

「宝塚友の会」や各プレイガイドで当選するための運

3 情報収集力

チケットの申し込みなどに出遅れないために！

4 ヅカ友の数

友だちと協力してチケットをゲットする

「チケットをいかに入手するか？」はすべてのタカラヅカファンにとっての悩みの種だ。「1．体力」「2．運」「3．情報収集力」「4．ヅカ友の数」のいずれかに秀でた人が争奪戦を勝ち抜くことができる。

このうち特におすすめなのは「4．ヅカ友の数」を増やすことだ。体力はそう簡単に増強できないが、友だちであれば手軽に増やせる。おまけに「運」や「情報収集力」も友だち同士で協力しあえばパワーアップする。つまり、4が増強されれば必然的に2と3も増すことになるからだ。

だが、この苦労もご贔屓のスターやタカラヅカが広く愛されているからこそと思えば、喜びに変わる。逆に人気のない公演だとチケットは取りやすいが、それもまた寂しい。「チケット取りの苦労を共にしている」という連帯感で結ばれているのがタカラヅカファンであり、絆も固い。

一般の人がトライしやすい方法

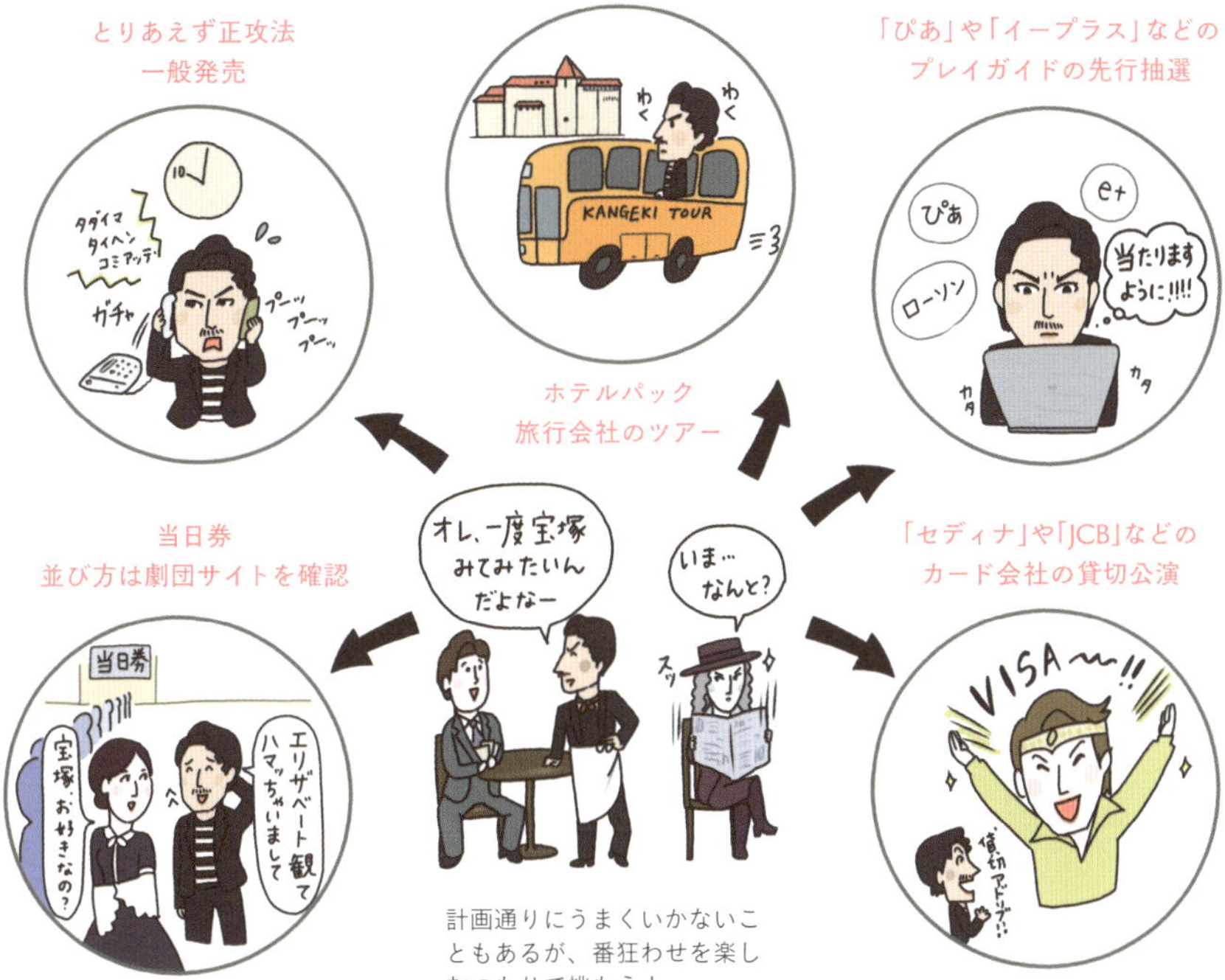

計画通りにうまくいかないこともあるが、番狂わせを楽しむつもりで挑もう！

急に観劇できなくなった時は代役を探そう

タカラヅカファンに限らず、すべての舞台ファンが最も忌《い》み嫌うこと、それは「空席をつくること」だ。せっかく誘ってもらったのにどうしても行けなくなったときは、すぐに事情を伝えて相談しよう。間違っても「チケット代さえ払えば問題ない」と考えて放置してはいけない。自分で取ったチケットであれば代わりに観てくれる人を探そう。身近で見つけるのが難しければ「おけぴ」のチケット掲示板などを利用する手もある。

美術館のチケットは違う日にも使える

舞台のチケットが使えるのは、その公演のみ

宝塚歌劇をもっと知りたくなったら

創刊100周年の『歌劇』から、CS放送、ウェブサイトまで

タカラヅカ・ワールドは側から見るとわかりにくいが、踏み込んでみると溢れんばかりの情報が発信されている。まずは公式サイト(http://kageki.hankyu.co.jp)にアクセスしてみよう。

ネットだけでは物足りなくなったら、次は劇団が発行している雑誌を手に取ってみよう。2018年に創刊100年を迎えた伝統ある雑誌『歌劇』、そして、ビジュアル中心の『宝塚GRAPH』は定期購読している人も多いファンの必読書である。この他、脚本や舞台写真が掲載されている『ル・サンク』、スター年鑑『宝塚おとめ』、公演情報がまとめられている『宝塚Stage Album』などもある。

文字だけでは我慢できなくなった人向けには公演ごとのDVDもある。CS放送の宝塚歌劇専門チャンネル「タカラヅカ・スカイ・ステージ(通称スカステ)」にまで加入してしまえば筋金入りだ。

映像・インターネット・雑誌でばっちりサポート

映像

CS放送「スカステ」で1日中タカラヅカ漬けに…

インターネット

速報性なら劇団の公式サイトに勝るものなし!

雑誌・書籍

読み応えも抜群、月刊誌『歌劇』『宝塚GRAPH』

メディアを通してスターの素顔が見える

『歌劇』や『宝塚GRAPH』にはタカラジェンヌの執筆記事も多数掲載されている。その文才に「なぜ天は選ばれし存在にのみ二物も三物も与えたもうのか…」と絶望的な気分になることも。

「スカステ」ではトーク力や企画力を発揮

同期生対談
あうんの呼吸から伝わる深い絆に感動

他ジャンルの人との対談
ミュージカル俳優や、他劇団の演出家などと対談

スターによる企画番組
日々ファンを萌えさせているスターならではの企画が！

ダンスの振付講座
公演中のショーの振付を教えてくれる

SNSを使いこなせれば何倍も楽しい

FacebookやTwitterなどのSNS（Social Networking Service）は、発信に熱心な一部のユーザーと、大多数の「読むだけ」ユーザーに分かれる。タカラヅカファンには発信派も多いから、情報収集のためにこれを活用しない手はない。

さらに自分から発信すれば反応が返ってきてネットワークが広がるのはSNSならではの醍醐味だ。ただし、「個人情報を発信しない」「読み手を不快にさせる発言はしない」など、セキュリティやマナーには十分注意しよう。

COLUMN

宝塚歌劇団と阪急電鉄

宝塚歌劇団の生みの親、それは阪急電鉄の創業者であり、偉大な経営者として知られる小林一三《いちぞう》（1873～1957）である。そんな一三が終生大事にし続けたのが宝塚歌劇だった。

阪急百貨店や東宝も創業し、東京電燈（現在の東京電力）の経営を立て直し、商工大臣まで務めた一三だが、最晩年の肩書きは「宝塚音楽学校校長」であり、宝塚の生徒のことも娘のように思っていたという。1957年に亡くなった時の葬儀も、宝塚大劇場での「宝塚音楽学校葬」という形で行なわれた。今でもタカラヅカの関係者はもちろんのことファンの間でも「小林一三先生」と呼ばれ、敬愛されている。

現在も「宝塚歌劇団」の運営母体は阪急電鉄だが、具体的にはどのような位置づけなのだろうか。阪急電鉄の公式ページに掲載されている「業務組織」によると、「都市交通事業本部」「創遊事業本部」の2大事業本部があり、このうちの「創遊事業本部」の中に「歌劇事業部」がある。これとは別に「宝塚歌劇団」はあり、会長・社長の直轄となっている（2019年12月現在）。

阪急電鉄内の「歌劇事業部」と「宝塚歌劇団」は、劇場主たる「歌劇事業部」が作品の制作を「宝塚歌劇団」に依頼するという関係だ。劇場運営やチケット販売、営業、広報などを「歌劇事業部」が担当し、「宝塚歌劇団」は「歌劇事業部」から制作費をもらって作品を作り、上演する。

今や宝塚歌劇は阪急電鉄の主たる事業の一翼を担う存在だということだ。もっとも、このように収益を支える存在にまで成長したのは最近のことで、戦後から70年代までは集客が伸び悩んでいるにも関わらず制作費は肥大化し、「放蕩息子」阪急ブレーブス（現オリックス・バッファローズ）と共に阪急グループ内の「ドラ娘」と呼ばれていた時代もあったのだ。

2014年に創立100周年を迎えてからは史上最高益を更新し続けているタカラヅカ。華やかな夢の世界は、現実を見据えた地道な努力の積み重ねによって支えられている。

第2章

スター編

燦然と輝くトップスター、可憐な娘役から渋い演技派まで、きらめく星を見つけるのがタカラヅカの醍醐味。この章にはタカラジェンヌを目指す「7人のおとめ」たちの物語も隠されています。

7人のおとめ物語 1

タカラジェンヌは誰がなるのか

ファンが、誰かの夢になります

タカラジェンヌになりたい！
Start!
体力作り
バレエは必須
笑顔も大事
試験は気合だ！
あと
2日
容姿端麗に
加えて、
何よりも
強い意思が
必要
よしっっ!!
歌のレッスン
キザる練習も
タカラジェンヌを
夢見る少女・宝田アヤ（中3）

宝塚歌劇団の所属メンバーは「タカラジェンヌ」と呼ばれる。これはパリの女性を意味する「パリジェンヌ」という言葉に「タカラヅカ」を組み合わせた造語である。そしてもう一つ、彼女たちはしばしば「生徒」と呼ばれる。なぜか「タカラヅカの俳優」といった言い方はされず、「タカラヅカの生徒」と言われることが多い。

その理由は「宝塚音楽学校」にある。タカラジェンヌになる、つまり宝塚歌劇団に入るためには、まず「宝塚音楽学校」の試験を受け、合格しなければならない。だが、逆に言えば試験を受ければ誰でもタカラジェンヌになれるチャンスはある。

ただし、女性でなければならない。応募資格には「容姿端麗で、卒業後宝塚歌劇団生徒として舞台人に適する方」ともあるから、見目の麗しさも大事だ。試験は難関として知られるから、やはり彼女たちは「選ばれし乙女」である。

音楽学校受験を解剖

中卒〜高卒まで
チャンスは4回！

競争倍率は
20倍以上！

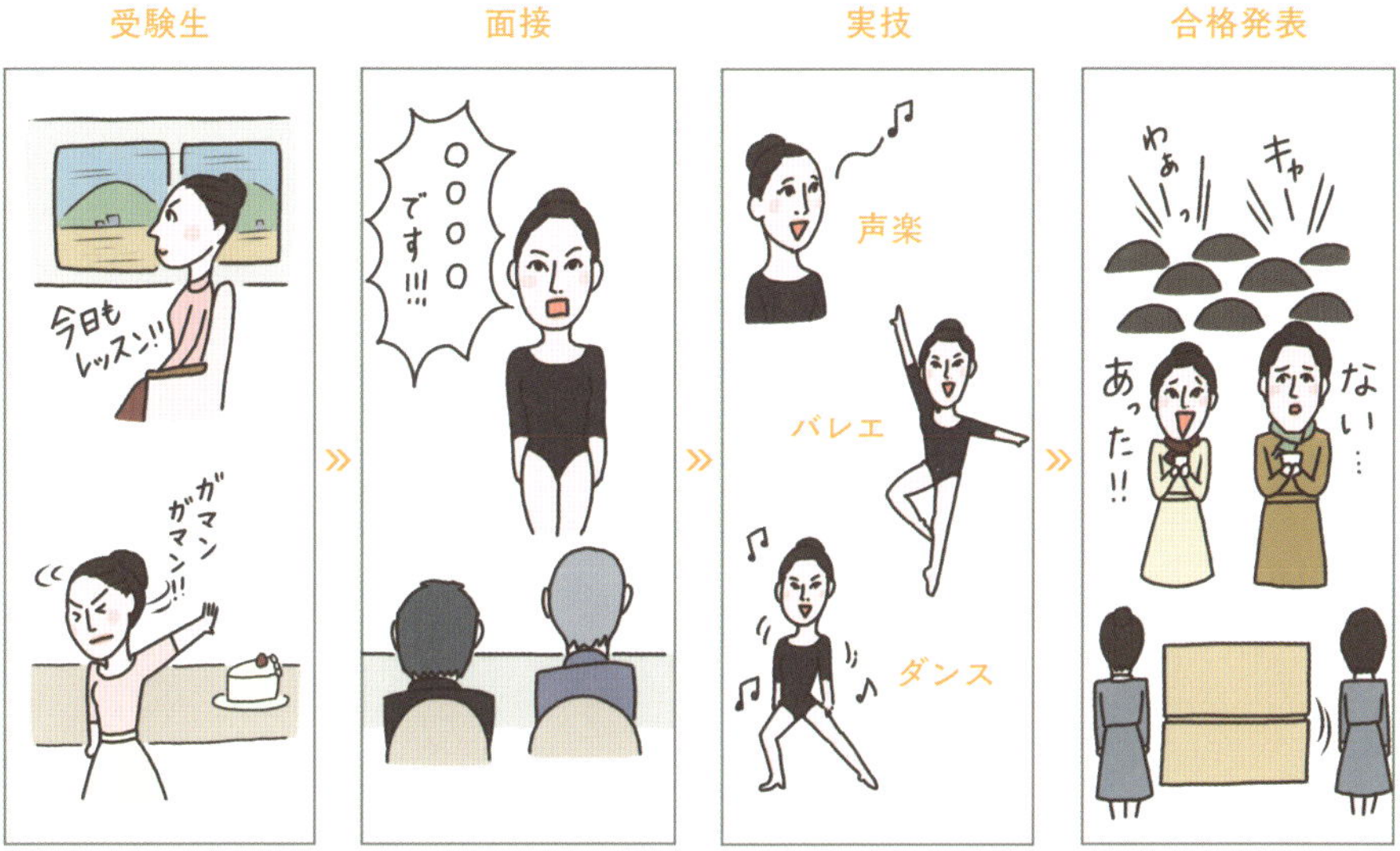

※一次試験と三次試験　※二次試験

受験資格があるのは中卒から高卒までで、合格するのは毎年40名程度。「父親の勧めにしたがってブリッジで歩いて見せた（柚《ゆず》希《き》礼《れ》音《おん》）」「俳句を詠んだ（紅《くれない》ゆずる）」「自作の紙芝居を準備し、振り付きで『松島音頭』を歌った（真《ま》彩《あや》希《き》帆《ほ》）」など、スターの面接時のおもしろエピソードには枚挙にいとまがない。

就活と比較

タカラジェンヌは子どもの頃、初めて観劇した日に「私もあの舞台に立つんだ！」と思ったという人が多い。それが客席の向こう側に行ける人であり、凡人との違いである。世の中の大学生の多くが就活の時期になっても「やりたいことが見つからない」と悩んでいるが、同じ年頃の彼女たちはすでに、夢に向かって走り始めているのだ。

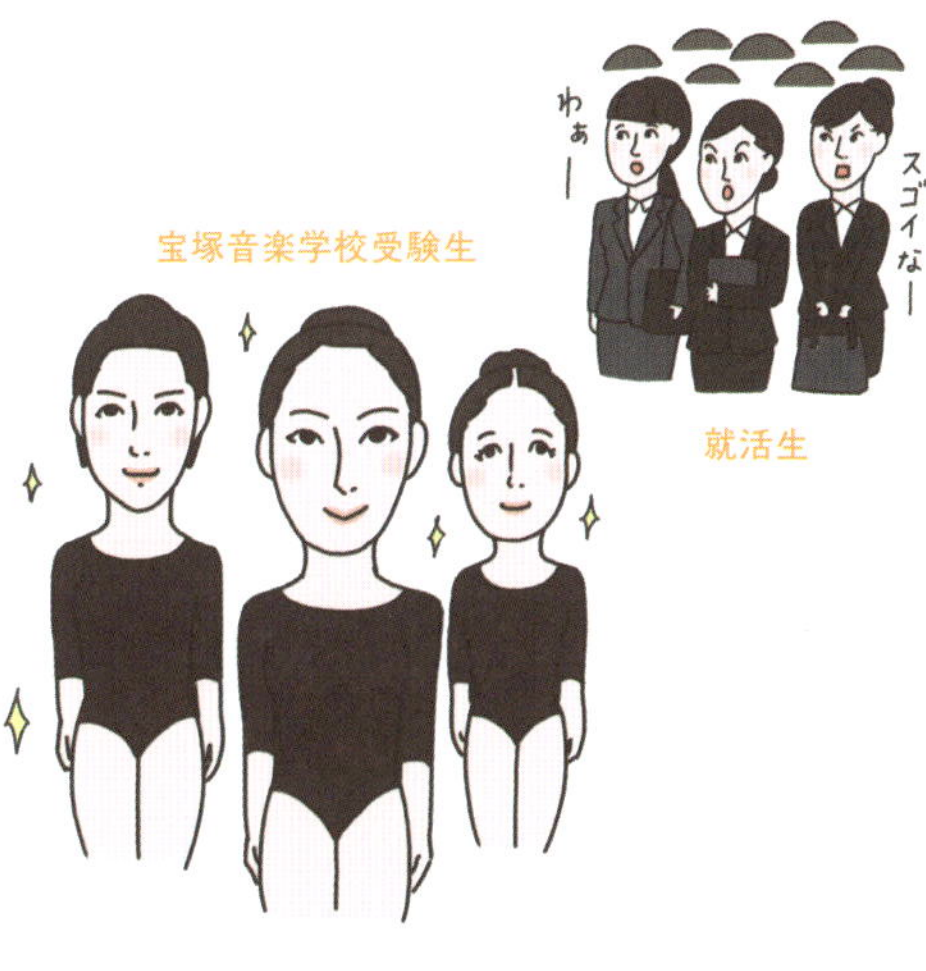

音楽学校の生活

舞台人になるための、お稽古漬けの2年間

宝塚音楽学校の時間割

	Mon	Tue	Wed
9:00	演劇	ソルフェージュ 楽典	バレエ
10:45	ボイストレーニング	ポピュラー	声楽（クラシック）
13:05	タップダンス	ピアノ	合唱
14:50	ピラティス	日本舞踊	モダンダンス

※希望者は、英語・数学などの高校卒業単位取得のための授業を受けられる

晴れて合格切符を手にした未来のタカラジェンヌたちは、宝塚音楽学校で舞台人としての基礎をみっちり学ぶ。音楽学校での学生生活は2年間。最初の1年が「予科」、2年目が「本科」である。卒業した人はみんな宝塚歌劇団に入団する。

音楽学校の時間割を見ると、バレエ、モダンダンス、タップダンス、声楽（クラシック）、ポピュラー、演劇といった授業で埋まっている。和物の舞台のための「日本舞踊」もあるし、体幹を鍛える「ピラティス」も最近はある。舞台人を目指す少女からすると、日がな歌って踊っていられる夢のような時間割だ。

音楽学校は先輩・後輩の上下関係が厳しいことでも知られる。予科生の誰かがミスをすると全員が本科生から怒られたりするが、そこで「一人のミスが舞台全体を台無しにする」ことを学ぶ。こうして培われるチームワークと忍耐力が、舞台のクオリティにも繋がっていく。

家でも使える!? タカラジェンヌの掃除術

タカラジェンヌは予科時代の掃除について懐かしそうに語る人が多い。「掃除場所の分担は入学後すぐに決められ、やり方も本科生から伝授されるため、同じ掃除分担だった予科生と本科生の間には強い絆が生まれた」のだそうだ。

ガムテープはこんな風に
丸めてホコリを取るのに使う
窓の桟は筆で
きれいにする
サッ
サッ
ペタ
ペタ
綿棒も大活躍
（ピアノの鍵穴など）
「お掃除タオル」は
色別に拭く場所が
決まっている
ボロ
ボロ
先輩から後輩へと
受け継がれるハケ

なぜ廊下を直角に歩くのか？

どんなルールも最初は必要があって作られたものだ。これも元はといえば短い休憩時間の間に、たとえばバレエ教室から日舞教室へと着替えも済ませて移動する時お互いぶつからないようにするために生まれたとか。ここで学んだ気配りの力は、スピーディーな場面転換が多いタカラヅカの舞台裏でも役立つことになる。

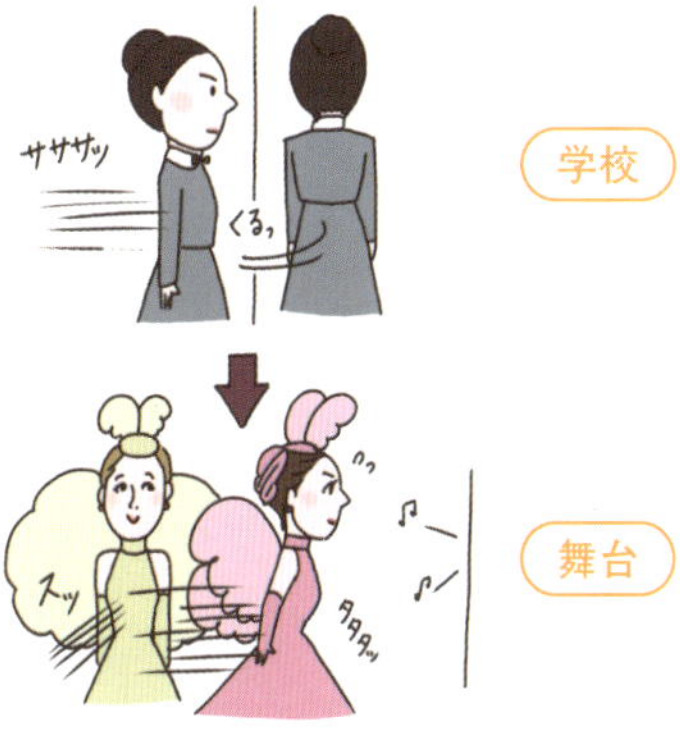
ササササッ
くるっ
学校
スッ
タタタッ
舞台

音楽学校時代に身につけた厳格なルールが、舞台人としてのたしなみに繋がる

守り抜く「清く正しく美しく」

宝塚音楽学校の制服は憧れの的

- 予科生は化粧禁止。本科生は派手にならない化粧は可
- 蝶ネクタイは入学時に渡されるリボンで各自が作る
- 夏はジャンパースカートに半袖の白ブラウスになる
- 入団、卒業時などは黒紋付の着物。式典などでは色とりどりの着物で華やかに
- 帯の結び目に袴の腰板を乗せるようにして、腰をぐっと締め上げる
- 足首の素肌を少しのぞかせる
- ヒールは本科生のみ

宝塚音楽学校の制服（和服）
※入団後も着用

宝塚音楽学校の制服（洋服）

彼女たちはずっと「生徒」

宝塚の街を歩いていると、グレーの制服姿で背筋をピンと伸ばして歩いている音楽学校生を見かける。その姿は未来のタカラジェンヌを目指す女の子にとっての憧れだ。和装の制服は「緑の袴」である。

ところが、卒業して劇団に入ってからの年次も「研究科1年、研究科2年…」（略して「研1、研2…」）と数える。つまり宝塚歌劇団は宝塚音楽学校の延長であり、劇団生は「生徒」である。公演は「組」ごと、お稽古場は「教室」、演出家は「先生」、退団することも「卒業」と言われる。

「緑の袴」は音楽学校卒業後のタカラジェンヌにとっても制服であり、改まった場では必ず着用する。そして、音楽学校の校訓でもある「清く正しく美しく」の教えは全てのタカラジェンヌに大切にされている。

「生徒」であるタカラジェンヌは一般のタレントのように単に消費される存在としてではなく、大切に守り育てられる存在だ。

学校システムで芸を継承

「学校」の延長であるタカラヅカでは先輩は後輩を育て、後輩は先輩の教えに素直に耳を傾ける。その中で「男役芸」「娘役芸」が受け継がれていく。そこには家族のような温かい関係がある。

歌舞伎
親が子に教える
タカラヅカ
先輩が
後輩に教える

「清く正しく美しく」はいつ生まれた？

今やタカラヅカのキャッチフレーズとして広く知られる「清く正しく美しく」は、タカラヅカ・レビューが一世を風靡し、東京宝塚劇場もできた1930年代から小林一三が提唱するようになった言葉だ。その裏には、人気者となったタカラジェンヌを様々な誘惑から守りたい、そして、東京の芸能界の因習に負けず理想を貫いていきたいという一三の熱い思いが込められていた。

初舞台口上や記念の催しなどでも、必ず背景に掲げられる一三の手書き文字

名乗るなら選んだ名前を

タカラジェンヌとしての人生がスタート

7人のおとめ物語 ❷

明日乃水瀬《あすのみなせ》
愛称・アヤ（本名から）

白貴花《しろきはな》
愛称・ぱな（芸名から）

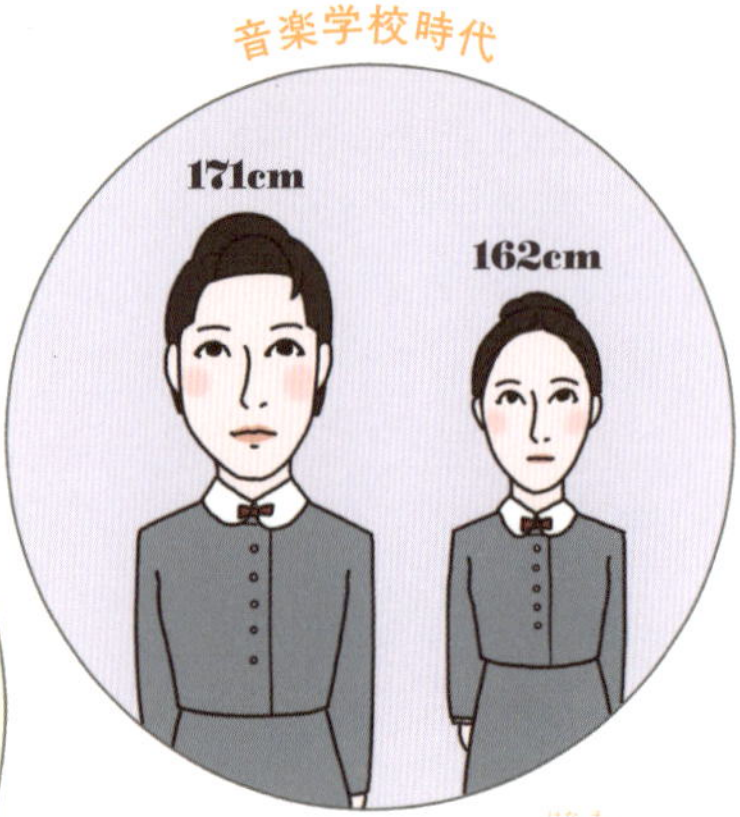

宝田アヤ

塚本花絵《はなえ》

演じたい好きな性別で

人は生まれてくるとき性別を選ぶことはできないが、タカラジェンヌは男と女、どちらの性で生きるかを選ぶことができる。ただし、ここで一つだけ制約がある。「身長」だ。やはりラブシーンを演じるときや、デュエットダンスを踊るとき、男役が身長が高い方が見栄えはいいだろう。

男役か娘役かの境目は今は166〜167センチぐらいだ。タカラジェンヌの平均身長も年々高くなっているため、この境目も年々上がってきている。

大半の人はどちらになるかを入学前から決めている。音楽学校の合格発表で嬉し泣きしている女の子のうち、ショートカットで決めている子は未来の男役、お団子を綺麗に結っている子は未来の娘役だ。

芸名も音楽学校の本科生時代に決める。自分で決めた性別と名前で、タカラジェンヌとしての新たな人生を始めるのだ。

タカラジェンヌは性を自由自在に行き来する

「男役」だから男性だけを、「娘役」だから女性だけを演じるわけではない。「性の行き来」から醸し出される独特の色気も魅力的だ。

女装？

『BEAUTIFUL GARDEN』のローマの美女S・柚香光《ゆずかれい》

男役が特定の場面で女役を演じることを、何故か「女装」と称する。男役の「女性」としての一面を垣間見るとドキドキするが、ちょっとした仕草が男らしいのはご愛嬌。その後の男役芸を磨くためにも貴重な経験だ。

性転換（男役から娘役へ）

『All for One』のルイ14世（実は女性）・愛希《まなき》れいか

男役から転向した娘役は、男役時代に培った「押し出しの強さ」を活かして、大成するケースも多い。逆に娘役から男役への転換はここ最近は例がない。「男役10年」だけに、遅れてスタートすることが難しいからだろう。

性別不明のキャラクターと

『BADDY』（98頁）のスイートハート・美弥《みや》るりか

最近は、性別を超えて我が道を行くキャラクターも人気を集めている。こうした役どころを軽々と演じられるのもタカラヅカの男役ならでは。

「共犯者」をつくる愛称文化

ミュージカル『CATS』によるとネコには3つの名前があるそうだが、タカラジェンヌにも本名、芸名、そして愛称の3つの名前がある。愛称は『宝塚おとめ』（42頁）にも記載されている。不思議なのはファンもまたタカラジェンヌを愛称で呼ぶことだ。タカラジェンヌを愛称で呼べるようになった時、あなたもファンとしての階段をまた一段登るのだ。

親しい関係だと錯覚？できることも愛称呼びの効用

初舞台のラインダンス

7人のおとめ物語 ❸

同期のチームワークで乗り越える最初の関門

晴れて劇団に入った「研1生」は4月の宝塚大劇場公演で初舞台を踏む。この時の恒例が同期全員での「口上《こうじょう》」と「ラインダンス」だ。この2つは東京宝塚劇場では見ることができない、春の宝塚大劇場だけの風物詩である。

「口上」とは緑の袴に黒紋付姿で全員が舞台上に並び、日替わりの代表3名が挨拶をすること。いわば初舞台生の顔見せだ。ラインダンスはいつもより時間が長く、振付にも初舞台生らしい工夫が凝らされている。最後は全員が笑顔を振りまきながら銀橋を通過するのがお約束だ。

初舞台生はラインダンスで、「全員で協力し合い、一つの場面をつくること」「毎日一定のクオリティを保った舞台をお見せすること」といったプロの舞台人としての基礎を学ぶ。この後は組配属が決まり各組に分かれてしまうから、初舞台でのラインダンスは同期全員で同じ舞台に立てる唯一の機会でもある。

ラインダンスがタカラヅカ名物になった理由

大劇場公演ではどんな作品でも必ずラインダンスは行われる。それはいったい何故？ここで「ラインダンス」の歴史について振り返ってみよう。

1927年、日本初のレビュー「モン・パリ」の汽車のダンス

もともとラインダンスは「レビューにはなくてはならない見せ場」だった。1930年代、 松竹歌劇団（SKD）や日劇レビューなどタカラヅカとともに「レビュー時代」を作った劇団はいずれもラインダンスを名物にしていた。

SKD名物だった「エイト・ピーチェス」

レビュー時代にタカラヅカのライバルだったSKDはラインダンスで大人のセクシーな魅力を売りにしていくが、現在はなくなってしまった。いっぽうタカラヅカのラインダンスは下級生の学びの場として発展。はつらつとしたフレッシュさが魅力となっている。

「同期」という横の絆

タカラジェンヌにとって「同期」は特別な存在だ。音楽学校での2年間、家族よりも長い時間を同じ目的に向かって共に過ごすだけに、その結束は固い。成績1番から4番の人がなる「委員」がまとめ役だ。その絆は退団してからもずっと続く。上下関係が厳しい縦社会ほど、横のつながりも強いのかもしれない。

同期の仲良しぶりを傍らから眺めるのもファンの楽しみ

各組は80名前後のピラミッド型組織

タカラヅカは壮大な人事エンターテインメントです

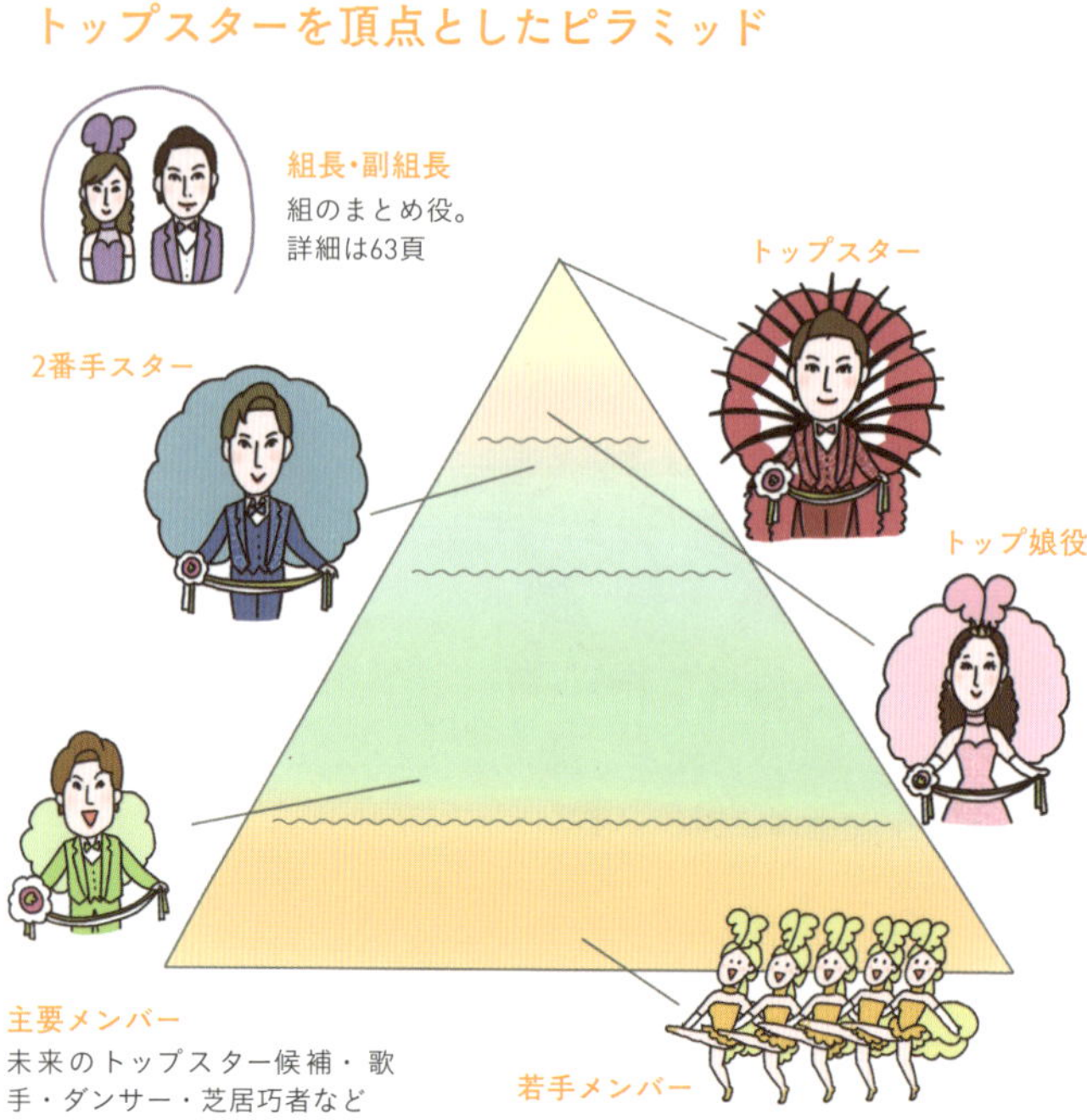

初舞台を踏んだタカラジェンヌは、その後5組のいずれかに配属される。ほとんどの場合、退団の時まで同じ組で過ごすことになる。そして少しずつ大きな役割を与えられながらピラミッドの階層を上がっていく。たとえばショーの群舞であれば少しでも前で踊れた方がいいし、少人数口にはいれた方がいい。たった一言の台詞で強い印象を残した人に次の公演で良い役がついたりもする。

「これは」という人には必ずチャンスが与えられるし、チャンスをものにできた人は次のステージに上がれる。観客の見る目と劇団のきめ細やかな采配がスターを育てる。タカラヅカには意味のない並びもキャスティングも一つとしてないといっていい。

それを見守り一喜一憂するのもファンの楽しみのうち。「次にあの役をやるのは誰？」「気になるあの人、これからどうなる？」今日も「勝手に人事会議」の花が咲くのでした。

タカラジェンヌの成長を会社に例えると？

舞台で少しずつ大きな役を演じるようになるタカラジェンヌは、昇進してだんだん責任の重い仕事を任される会社員の姿に重なる。

会社　タカラジェンヌ

新入社員クラス

初舞台生ラインダンス（54頁参照）

⇩

若手社員クラス

初ゼリフ、群舞のメンバーに入る、バウホール公演（59頁）のメンバーに入るなど

⇩

課長・部長クラス

新人公演（59頁）やバウホール公演で重要な役を演じる、本公演で通し役がつくなど

⇩

役員クラス

本公演で重要な役を演じる、バウホールで主演する、ショーで銀橋を一人で渡るなど

＼ トップスターは社長のようなもの!? ／

「組替え」と人事異動

稀に「組替え」もある。「組替え」とは他の組に異動することで、会社の人事異動に近い。会社員は思いがけない異動に衝撃を受けるものだが、タカラジェンヌも同様だ。ファンもまた然りで、中には自分の人事よりご贔屓の人事の方が気になるという人もいるぐらいだ。

だが、組替えを経験した人は新たな組で一皮むけて活躍することが多い。期待される人材だからこそ組替えになるのだ。

人事異動

総務部で悶々…
→編集部でイキイキ！

組替え

5人組の中の1人
→センターで1人オラオラ！

頂点に立つのはトップスター

そのオーラが劇場全体を包み込む

「人気」「歌、ダンス、お芝居の実力」「体力」「人望」を兼ね備え、希望と羨望と責任を一身に背負った新トップスター！

トップスターは入団12〜3年ぐらいで就任し、3年前後で交代することが多い。中には15年以上かかる「遅咲き」の人も。いっぽうトップ娘役の就任時期は入団4〜10年ぐらいと幅がある

希望・羨望・責任を一身に担う、タカラヅカのシンボル

トップスター・トップ娘役は誰がどうやって決めるのだろう？　よく「お客さまが決めるもの」と言われるが、ＡＫＢのようなファン投票はタカラヅカにはない。決定して発表するのは劇団だ。「人気」「実力」そして「劇団からの期待」を勘案して決められるといわれる。だが、観客の支持なしには務められない役割だから、「お客さまが決める」というのもあながち嘘ではなさそうだ。

次期トップスター・トップ娘役の発表は劇団の公式サイトで行われる。その組の「二番手」が繰り上がってトップスターに就任する場合が多いが、他組の二番手クラスのスターが「組替え」してきてトップに就任することもある。

いっぽうトップ娘役の場合、その時のトップスターの相手役として合うかどうかも考慮されるので、実力と美貌に加えて「タイミング」も重要だ。

タカラヅカの帝王教育

「舞台のセンターに立つ」という経験はトップスター育成のために必要不可欠だ。タカラヅカではそのために様々な場が準備されている。

1

新人公演での主演

新人公演とは大劇場作品を入団7年目までのメンバーだけで上演する公演のこと

2

宝塚バウホールでの公演で主演

宝塚大劇場に併設された客席数500ほどの劇場での主演が次なるステップ

3

中規模劇場での公演で主演

大阪のシアター・ドラマシティ、東京の日本青年館ホールや赤坂ACTシアターなどでの主演を経験する

新作主義とトップスター制の切っても切れない関係

劇団四季ではロングランシステムが、タカラヅカでは新作主義が商業演劇としての安定を支えているが（21頁参照）、新作主義はトップスター制とも密接不可分な関係にある。『ベルサイユのばら』や『エリザベート』は人気作だが、だからといってロングランすることでトップスターがずっとオスカルやトート閣下を演じ続けるのは困るのだ。

たとえ作品の当たり外れはあっても、毎公演トップスターが違う役で様々な顔を見せてくれる方がいい

スターの背負う羽根

羽根の重みが責任と歴史を表す

羽根の解剖図鑑

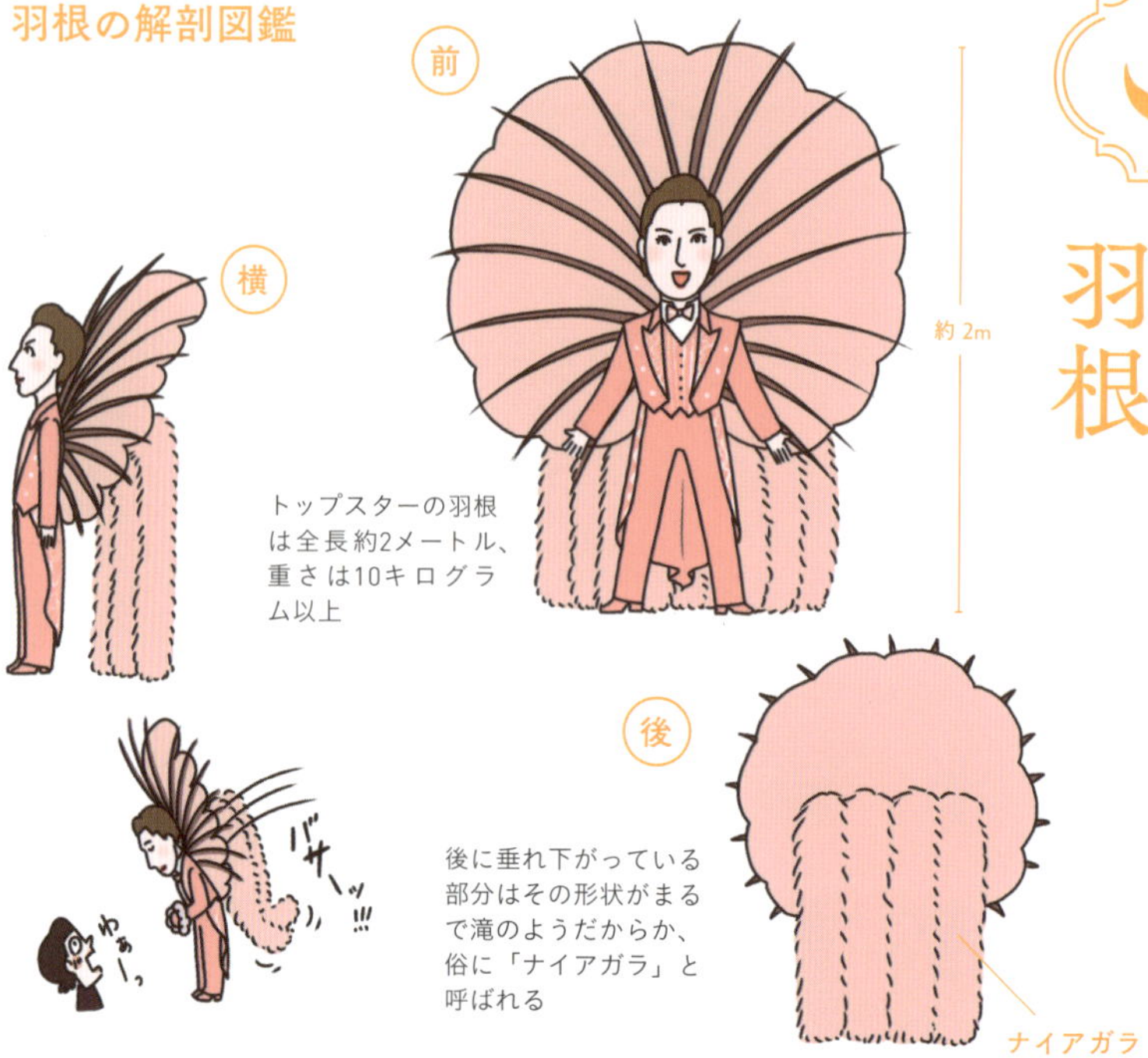

トップスターの羽根は全長約2メートル、重さは10キログラム以上

後に垂れ下がっている部分はその形状がまるで滝のようだからか、俗に「ナイアガラ」と呼ばれる

今やすっかりタカラヅカ名物となった「羽根」。これはパリのレビューで使われていたものを取り入れたのが始まりだ。

　元々は衣装の装飾の一つだから、作品によって使われたり使われなかったりしてきた。一本ものの場合、出演者は最後まで役として舞台に存在するわけだから『ベルサイユのばら』(1974年初演)のオスカルも『風と共に去りぬ』(1977年初演)のレット・バトラーもフィナーレでは羽根を背負わない。

　だが、ここ20年ぐらいの間で羽根が「スターの序列」を示す記号の役割も果たすようになってきた。現在は、フィナーレのパレードの一番最後に、トップスターが巨大な羽根を背負って大階段を降りてくるのがお約束となっている。

　新任のトップスターがこの羽根を初めて背負って重みを感じる時、喜びとともに責任の重みを感じるのだ。

巨大化する羽根

トップスターの羽根が現在に近い大きさになったのは1990年代の終わり頃からだ。

1970年代　小型、時々背負う　1990年代　中型、背負わない作品も　現在　大型、必ず背負う

羽根を提供している鳥たち

羽根は、すべて本物の鳥の羽根を使ってつくられている(といっても別に動物園から調達しているわけではなく専門の市場がある)。あのゴージャス感は本物を使うからこそ醸し出されるのだ。

冠羽

キンケイ(オス)
キジ目キジ科。オスの冠羽《かんう》は金色。赤、青、黄色、緑など色鮮やかで派手な羽根を持つ

ギンケイ(オス)
キジ目キジ科。襟首の、日本兜《かぶと》の「しころ」に似た白と黒の飾り羽が魅力的

兜のしころ風

オーストリッチ(ダチョウ)
現生鳥類の中で最大。羽根は装飾品として珍重されてきた。静電気を帯びないという特性がある

巨大な羽根は「傾《かぶ》く」伝統?

歌舞伎『暫《しばらく》』で、主人公が巨大な長素《す》襖《おう》を広げて見せる場面を見ていて、思い出したのが羽根を背負ったトップスターの姿だった。今やトップスターの背負う羽根は極限まで巨大化し豪華になり、冷静に考えるとちょっと異様だ。だが、それを受け入れて楽しんでしまえるのは「傾く」伝統のなせる技なのかもしれない。

鎌倉権五郎景政《かまくらごんころうかげまさ》
江戸のスーパーマン『暫』はこの衣装と迫力で悪人を圧倒

長素襖《すおう》

トップスター
タカラヅカのトップスターはこの羽根とオーラで観客を魅了

1人ひとりが役割を持って輝く

様々な役柄の生徒がいます

髭・もじゃもじゃ髪など
老け役もばっちり
皆が憧れる組の
兄貴的存在
気が強く
気高い女役
ニヒルな悪役。
お芝居を
しっかり締める

イケメンと美女だけではつまらない

芝居を締める渋い役どころのおじさまが発する意味深い台詞に泣かされたり、群舞の一角で切れ味良く踊るダンサーに目が釘付けになったり、あるいは陰ソロの美声にうっとりさせられて「あの声の持ち主は誰？」と思わず調べたり。そうしたこともタカラヅカを観る楽しみのひとつだ。

　キラキラしたスター候補生だけではない、多様な個性の持ち主が活かされてこそ舞台全体もレベルアップ

こういう人材も必要

- 宴会のスター
タカラジェンヌは余興にも命を賭けている
- 群舞を引っ張るダンスリーダー
- シブい老け役

歌手
フィナーレのパレードのはじまりに、大階段で歌う『エトワール』
- 下級生の面倒をしっかりと見る人
自主稽古をまとめるのも上級生の役割だ
- 芝居を盛り上げる三枚目

「組長」のお仕事

会社においてトップ営業マンとしてバリバリ売れる人と、マネージャーとして組織をまとめる人は別であり、両者が連携したとき組織はうまく回っていく。トップスターと組長との関係もそれに似ている。80人もの女子ばかりの組織で、下級生に至るまで細やかに目を配り、ときに愚痴や悩み相談にも耳を傾けつつまとめていく組長の役割は重要なのだ。

会社でも「営業でトップの成績をあげる才能」と「組織をまとめる才能」は別物

するというもの。

もっというと、客席から見えないところで組を支える人だっている。組イベントの幹事役や宴会芸の達人、そして組のまとめ役である「組長」など。「学校」の延長であるタカラヅカにおいては、後輩の面倒をみることも大切な仕事だ。自主稽古を重ねて各場面を作っていくとき、皆をしっかり取りまとめてくれる上級生は信頼も厚い。

人は、己の役割に徹して全力を尽くしている姿が一番カッコいい。タカラヅカは、そんな生き方を教えてくれる世界でもある。

タカラジェンヌの様々なキャリアパス

7人のおとめ物語 ❹

ここでは、第2章に登場する7人の歩みを紹介しよう。54頁で初舞台を踏み、ともにラインダンスを踊った彼女たちのその後は、トップスターになった人から、いち早く第二の人生をスタートさせた人まで様々だ。

※「7人のおとめの物語」における人物設定およびキャリアパスは実際の事例を参考にしながら考えたフィクションです。本書限定でお楽しみください。

違う道に行く

浅黄《あさぎ》はる

スーパー女史

赤《あか》音《ね》美《み》樹《き》

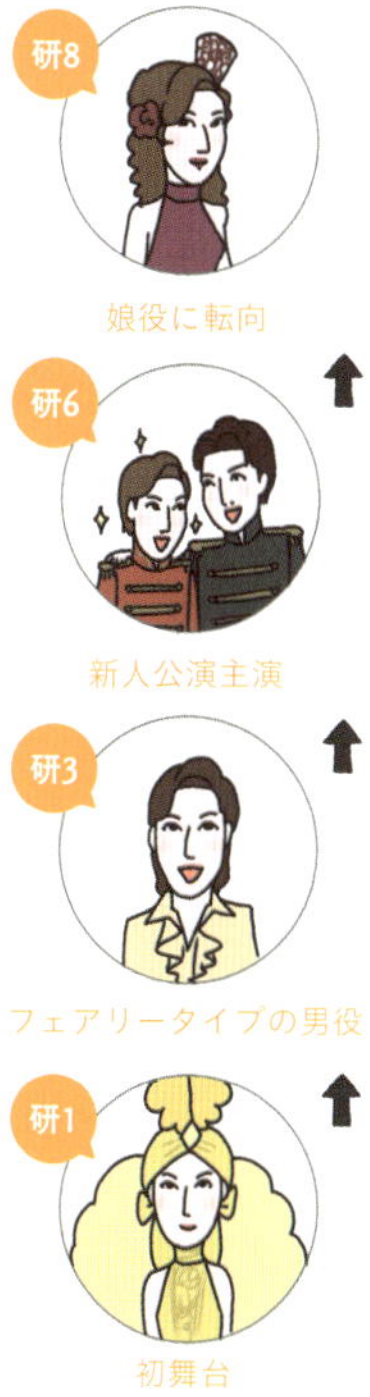

専科

深衣《ふかい》緑《みどり》

組の兄貴として輝く

藍乃《あいの》あゆむ

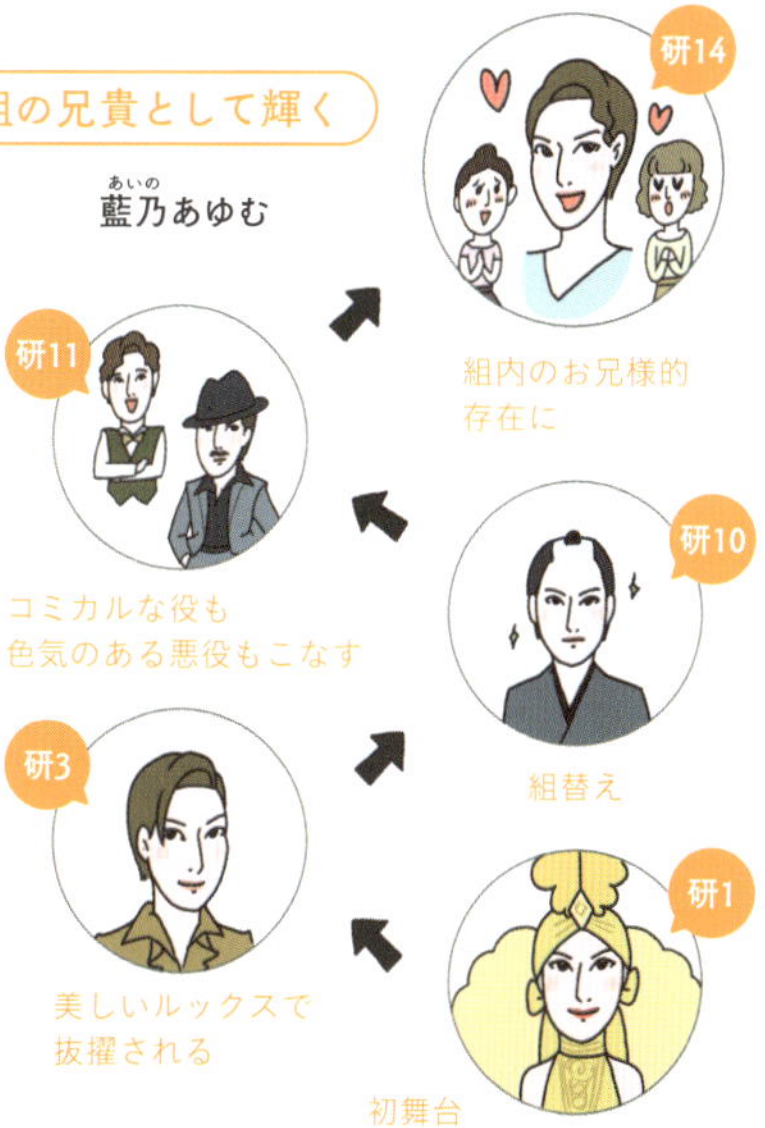

組長

紫《むらさき》梓《あずさ》

退団という儀式

花は散るから美しい

最後は、緑の袴で大階段を降りる

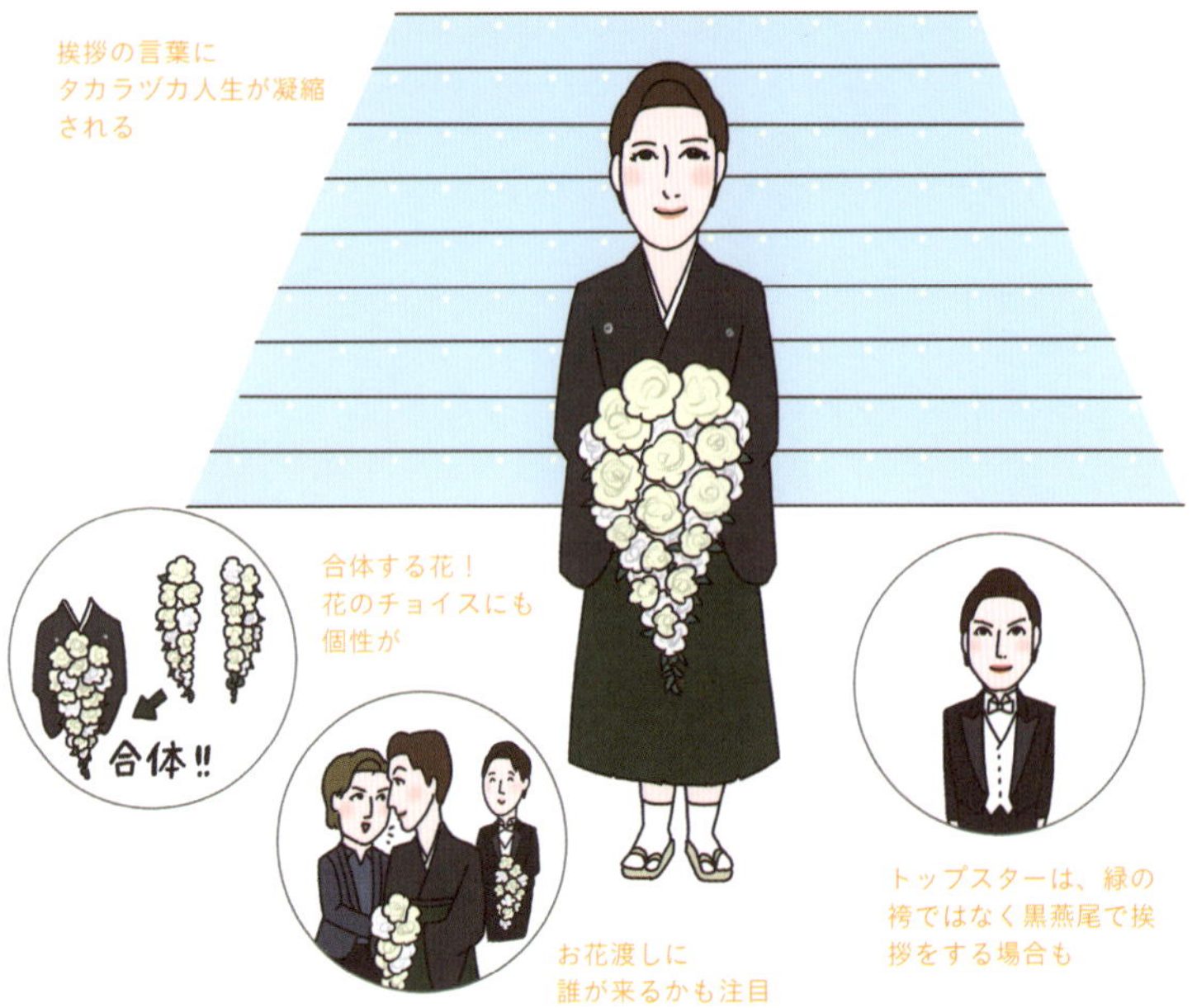
挨拶の言葉に
タカラヅカ人生が凝縮
される
合体する花！
花のチョイスにも
個性が
合体!!
お花渡しに
誰が来るかも注目
トップスターは、緑の
袴ではなく黒燕尾で挨
拶をする場合も

「学校」であるタカラヅカだけに「卒業」の日は必ずやって来る。とりわけトップスターの最後の大劇場公演は「サヨナラ公演」と呼ばれ、大変な人気となる。演目は退団するトップスターの魅力が最大限に発揮されるものが選ばれ、ショーの中にも「別れ」や「新たな世界への旅立ち」「次期トップスターへのバトンタッチ」を暗示する場面が盛り込まれる。

　千秋楽の公演の後には「サヨナラショー」が行われ、最後に退団者が緑の袴を身につけ、一人ひとり大階段を降りて挨拶をするのが恒例だ。最近は映画館でライブ中継が行われるようになったため、多くのファンが感動を共有できるようになった。

　長年応援し続けてきたファンのこのときの喪失感は筆舌に尽くし難いものがある。だが、終わりがあるから新たな始まりもある。タカラヅカが100年以上続いている秘訣はこのシステムにあるともいえるのだ。

下界に降り立ったフェアリーたち

タカラヅカを卒業したOGジェンヌたちは、様々な世界で活躍している。舞台人としての経験を活かして女優に転じる人もいるが、思わぬ世界で思わぬ才能を発揮する人も！？

TVで活躍するOGジェンヌたち！

様々な分野で
新たな才能を
開花させる！

ミュージカルなどの舞
台で活躍する人は多い

タカラヅカで培っ
た技術を生かして、
ダンスなどを教え
る道に進む人も

結婚退団は暗黙のルール？

　タカラヅカでは結婚が決まったら退団するのが不文律となっている。これに対してファンが不満を感じているかというと、意外とそうでもない。「終わりがあることの美しさ」を愛するファンは多く、「未婚の女性のみ」という状況は今後も続くと思われる。ただ、世の中で「寿退社」が激減したように、タカラヅカでも退団理由は多様化しており「寿退団」は昔に比べると激減しているのが実情だ。

「仕事と家庭を両立するスター」……は見たくないというファンも多い

COLUMN

運動会はガチンコ勝負！

タカラヅカは学校組織なだけに「運動会」もちゃんとある。しかしこれは、10年に1度しか開催されないというレアイベントだ。最近では100周年の2014年10月7日、大阪城ホールにて開催された。

競技種目は徒競走、大玉転がし、障害物競走、綱引き、そしてリレーなど、普通に運動会で行われる競技とほぼ同じだ。最初の「入場行進」や、ハーフタイムの「応援合戦」もお楽しみのひとつ。宴会芸にも命を賭けるタカラジェンヌ（63頁）らしく各組ごとに工夫が凝らされている。

何事にも手を抜かないタカラジェンヌは当然運動会にも全力投球。リレーの選手は武庫川の土手などで組全員で予選をして選ぶし、「綱引き」や「大縄跳び」などの団体競技では組ごとに研究を重ね綿密な戦略が練られ、その道の専門家からの指導も仰ぐ。たとえ公演中でも猛練習が重ねられる。

2014年の運動会でも「綱引き」でドラマが生まれた。初戦の花組対星組。いったん花組が勝利したものの「床に敷かれていたリノリウムのマットがずれた」との星組からの強硬な物言いが認められ再試合となり、今度は星組が勝利。この勢いで突っ走った星組は優勝し、かたや花組は痛手から立ち直れず最下位に終わってしまった。このときすでに退団を発表していた星組トップスター柚希《ゆずき》礼音《れおん》が、凄まじい気合いで優勝旗をもぎ取ったのだった。

だが、ここでドラマは終わらなかった。あれから5年、無念の花組トップスター明日海《あすみ》りおは、横浜アリーナで開催された自身のコンサートの中で「運動会で他組を打ち負かして花組が見事優勝！」という一場面を設けて雪辱を晴らしたのだ。いやはやタカラジェンヌの運動会にかける意気込み、いや執念恐るべしだ。

時が経つのは早いもので次の運動会（2024年）も迫ってきた。筆者の目標は『オーシャンズ11』(86頁）に出てくるジョンソン先生並みに長生きをして150周年の運動会を見届けることである。

第3章

名作の紹介

「ベルばら」だけじゃない、ミュージカルもショーも、洋物も日本物も、悲劇も喜劇も、歴史物も現代物も…何でもアリなタカラヅカから一挙88作品を徹底図解。多様性のカオスへようこそ。

ベルサイユのばら

革命に翻弄される2組の悲恋

ベルサイユのばら

1974年月組初演
演出／長谷川一夫　脚本／植田紳爾

フェルゼンと
マリー・アントワネット編

フェルゼン

フランス王妃を愛してしまった
スウェーデンの貴族

マリー・アントワネット

恋を知らぬままオーストリアから
フランスに嫁いだ王妃

オスカルとアンドレ編

オスカル

伯爵家に男児が生まれなかったため男として育てられた。『男装の麗人』の代名詞

アンドレ

伯爵家でオスカルと共に育てられた。身分違いながらオスカルへの想いを内に秘めている

「ベルばらブーム」を巻き起こした代表作

フランス革命の時代、女に生まれながら男として軍人として育てられたオスカルと彼女に幼い頃から仕えてきたアンドレ、フランス王妃マリー・アントワネットとスウェーデンの貴公子フェルゼンの恋物語を描いた大人気漫画の舞台化である。

「ベルばら」の特徴は、上演される組の陣容に合わせて柔軟にリメイクされること。大きくは「オスカルとアンドレ編」と「フェルゼンとマリーアントワネット編」があるが、十人十色ならぬ、10回再演されれば10通りのベルばらがある。これからの「ベルばら」の進化にも目が離せない。

3 「ベルばら」の歴史

ベルばら4強

1974〜76年 4組全て（当時）で「ベルばら」が上演され「ベルばらブーム」を巻き起こした。1989〜91年には「平成ベルばらブーム」も

「ペガ子」降臨！

2006年 オスカルがペガサス（ファンからは「ペガ子」の愛称で親しまれた）に乗って客席上空を飛んだ。2014年にも復活

ジェローデル編
フェルゼンの妹・ソフィアとの愛の物語

アラン編
妹・ディアンヌの亡霊がヒロイン

ベルナール編
ロザリーとともにオスカルの意思を語り継ぐ

アンドレ編
幼なじみのマリーズが登場

2008〜9年「外伝ベルサイユのばら」シリーズも上演

名場面集

「ベルばら」の初演は歌舞伎俳優としての修行も積んだ二枚目スター長谷川一夫が演出した。このため型で美しく見せる場面が多い。

革命での戦闘シーンをダンスで表現したのが斬新だった

アントワネット救出に馬車で駆けつける様を映像も駆使して表現

断頭台に向かうアントワネットの誇り高き姿。白髪となったが女王としての尊厳は忘れない

絶叫するフェルゼン

革命前夜、オスカルとアンドレが結ばれる場面。長谷川一夫が考案したポーズだ

海外ミュージカルの代表作

エリザベート ―愛と死の輪舞《ロンド》―

1996年雪組初演　潤色・演出／小池修一郎
脚本・ミヒャエル・クンツェ　作曲・シルヴェスター・リーヴァイ

歴代トート閣下のご尊顔

トート閣下とは「死」の概念の実体化。エリザベートに恋をし、彼女を生涯にわたって追い続ける

これぞ原点！
中性的トート

1996年雪組 一路真輝《いちろまき》

芝居で魅せる
トートのはじまり

1996年星組 麻路《あさじ》さき

美声で聴かせる
スタイリッシュな
トート

1998年宙組 姿月《しづき》あさと

ベルベット
ヴォイスの帝王

2002年花組 春野寿美礼《はるのすみれ》

妖しの美しさで
人を惑わす

2005年月組 彩輝直《あやきなお》

どこまでも
追い続ける…

2007年雪組 水夏希《みずなつき》

孤高の俺様閣下

2009年月組 瀬奈《せな》じゅん

儚く美しい
黄泉の国の王子様

2014年花組 明日海《あすみ》りお

チャラくて
太陽のように眩しい

2016年宙組 朝夏《あさか》まなと

黄泉組の二代目社長

2018年月組 珠城《たまき》りょう

エリザベート
―愛と死の輪舞《ロンド》―

ウィーンからタカラヅカ、そして東宝ミュージカルへ

1996年に初演されて以来、再演を重ねている大人気ミュージカル。この作品を機にタカラヅカは「海外ミュージカルを上演できる劇団」として広く知られるようになった。

もともとはウィーン発のミュージカルだ。ハプスブルク帝国最後の皇妃エリザベート（シシィ）の数奇な運命が描かれるが、タカラヅカ版ではエリザベートを翻弄する黄泉の帝王トート（死）が主人公とされているのが特徴だ。

「ベルばら」と対照的なのは、何度再演を重ねても脚本、演出が基本的に変わらないこと。同じ役を歴代のキャストがどう演じるのかも見どころだ。

東宝版、ウィーン版との比較

死の神トートとシシィとの愛に主軸が置かれているのがタカラヅカ版の特徴。2000年初演の東宝版はウィーン版を基本にしつつタカラヅカ版の良さも取り入れた脚本、演出。ラストシーンには3つの違いが端的に現れている。

タカラヅカ版

二人は永遠の愛を歌い上げる

二人で昇天
トート
シシィ

東宝版

シシィは自分の命は自分のものであると歌う。ウィーン版を踏襲している

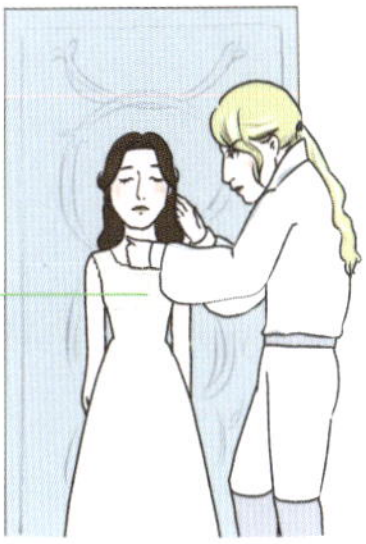
トート自らシシィを棺に納める

ウィーン版

シシィは最後まで「私は私だけのもの」と断言する

シシィを棺に運ぶのは部下の仕事

名場面集

シルヴェスター・リーヴァイ※作の楽曲は名曲ぞろい。名場面は思わず口ずさみたくなるメロディと共にある。

「私だけに」

ついに自我に目覚めたシシィが歌い上げる。複雑な気持ちで見守るトート

「闇が広がる」

シシィの息子、皇太子ルドルフの命を奪うトート。男役同士のハーモニーが美しい

ルドルフを誘惑するトート
ルドルフ

父・フランツ・ヨーゼフの思想と対立する

晩年のシシィ
仲良し老夫婦
フランツ・ヨーゼフ

「夜のボート」

皇帝フランツ・ヨーゼフは生涯シシィを愛し続けるが…夫婦とは「1つのボート」か、それとも「2つのボート」か？

※作曲家。ハンガリー人の両親のもとスボティツァ（現セルビア）に生まれる。代表作に『モーツァルト！』など

フレンチミュージカルの隆盛

モンタギュー家の御曹司。敵対する家の娘ジュリエットに恋をする
ジュリエット
キャピュレット家の娘。金持ちのパリス伯爵と結婚させられようとしている
バルコニー

大人たちの憎しみが二人の愛を奪った

ロミオとジュリエット

シェークスピアの古典をロックテイストな音楽に乗せて現代風にミュージカル化。2001年フランスで初演され人気を博していた作品だ。「死」と「愛」が登場し、心情をダンスのみで表現するのがタカラヅカ版の特徴。モンタギュー家は青、キャピュレット家は赤でまとめた衣装も目に鮮やかだ。2011年からは宝塚歌劇以外でも上演。

2010年星組初演　潤色・演出／小池修一郎

タカラヅカが日本の発信地に

ミュージカルの本場といえばブロードウェイ、あるいはウエストエンドであり、フランスは遅れを取っていた。そのフランス発のミュージカルとして一躍注目を集めたのが1998年の『ノートルダム・ド・パリ※』である。スペクタクルなグランドミュージカルでありながら、歌、ダンスが分業し高度なテクニックを見せるのが特色だ。ブロードウェイ・ミュージカルとは一味違うテイストが注目を集めている。

日本におけるフレンチミュージカル流行のきっかけを作ったのが、じつはタカラヅカだ。2010年の『ロミオとジュリエット』初演がその端緒となった。

※醜い鐘つき男カジモド、ロマの女エスメラルダらが織り成す愛の物語。ディズニーアニメと異なり悲劇的な結末を迎える。

貴族側代表
マリー・アントワネット

王妃・母としての自覚
に目覚めていく

民衆側代表　ロナン

王太子の養育係のオラ
ンプとの身分違いの愛
に苦しむ

登場人物全てが主役

1789

　フランス革命に巻き込まれていく様々な立場の人を描いた群像劇。タカラヅカ版ではセリフが大幅に加筆され日本の観客にもわかりやすいドラマとなった。

　また、民衆側の代表としてロナンをトップスターの龍真咲《りゅうまさき》が、貴族側の代表としてのアントワネットをトップ娘役の愛希《まなき》れいかが演じ、対立の構図を浮き彫りに。トップコンビが敵対するのはタカラヅカでは珍しい。2016年に東宝ミュージカルでも上演された。

2015年月組　潤色・演出／小池修一郎

真の王への険しい道のり

アーサー王伝説

　イギリスに伝わる騎士道物語より、聖剣伝説で知られるアーサー王と王妃グィネヴィア、円卓の騎士ランスロットの恋模様を描く。

　フランス初演の1年後に早くも上演が実現。苦難を乗り越えて国王として成長していく様が、この公演がプレお披露目となった新トップスター珠城《たまき》りょうに重なって見えた。

2016年月組　潤色・演出／石田昌也

アーサー王

妻の不実を知り苦渋の
選択を迫られる

王妃グィネヴィア

騎士ランスロットを愛
してしまう

ドン・ジュアン

究極の悪から究極の善
へと振れていく男

情熱的な
フラメンコを
踊るシーン

悪い男の退廃的な魅力

ドン・ジュアン

　酒と女に溺れて生きてきたドン・ジュアンが彫刻家マリアとの出会いで真実の愛を知る。愛によって身を滅ぼしていく男を望海風斗《のぞみふうと》が情熱的に演じてみせた。土臭さを感じさせるフラメンコのダンスナンバーも見どころだ。2019年には男女混合版も上演された。

2016年雪組　潤色・演出／生田大和

海外ミュージカルいろいろ

タカラヅカ流潤色が見どころに

海外ミュージカルは今のタカラヅカの演目の柱のひとつだ。かつてはオリジナル版に変更を加えることは一切許されなかったが、最近ではタカラヅカならではの潤色（日本人観客向けにアレンジすること）が加えられることも多く、オリジナル版との違いも注目のポイントとなる。トップコンビ制をとるだけに、海外ミュージカルでも主役男女の恋模様が物語の重要な要素として描かれることが多い。

迫力の群衆シーンもタカラヅカならではの見どころ。一人ひとりが細かく設定を考えて役づくりをしているから、舞台上のあちこちで生まれているドラマも見逃すことはできないのだ。

世間からの目をあざむくために、わざとお洒落にうつつを抜かすイギリス貴族たち（じつはピンパーネル団）

ベン　フォークス　パーシー・ブレイクニー　デュハースト　オジー

ひとかけらの勇気とお洒落心を胸に
THE SCARLET PIMPERNEL

恐怖政治下のパリで貴族たちを救い出す「スカーレット・ピンパーネル」、その正体はイギリス貴族パーシーだった。宿敵ショーヴランの裏をかいてシャルル皇太子脱出に成功し、妻マルグリットとの愛を取り戻していく過程は痛快。途中変装してダンゴ鼻のグラパンになりすますのも見どころだ。「ひとかけらの勇気」「炎の中に」などフランク・ワイルドホーン※1の楽曲が冒険活劇を盛り上げる。

2008年星組初演　潤色・演出／小池修一郎

※1 米国の作曲家。代表作に『ジキル&ハイド』など。妻は元・宙組トップスターの和央ようか

『マイ・フェア・レディ』の男性版

ME AND MY GIRL

ヘアフォード伯爵の落とし胤として突然現れたのは、下町ランベス育ちのビルだった！果たしてビルは立派な後継ぎになれるのか？そして恋人サリーはどうなる？最後はめでたく3組のカップルが誕生するハッピーミュージカル。剣《つるぎ》幸《みゆき》率いる月組の初演はロンドン・ブロードウェイと同時上演の快挙を果たし、日本でも異例の続演となった。

1987年月組初演
脚色・演出／小原弘稔

サリー
ビル
言葉遣いは悪いが愉快で優しく、サリーを心から愛している

食卓の上で踊る2人

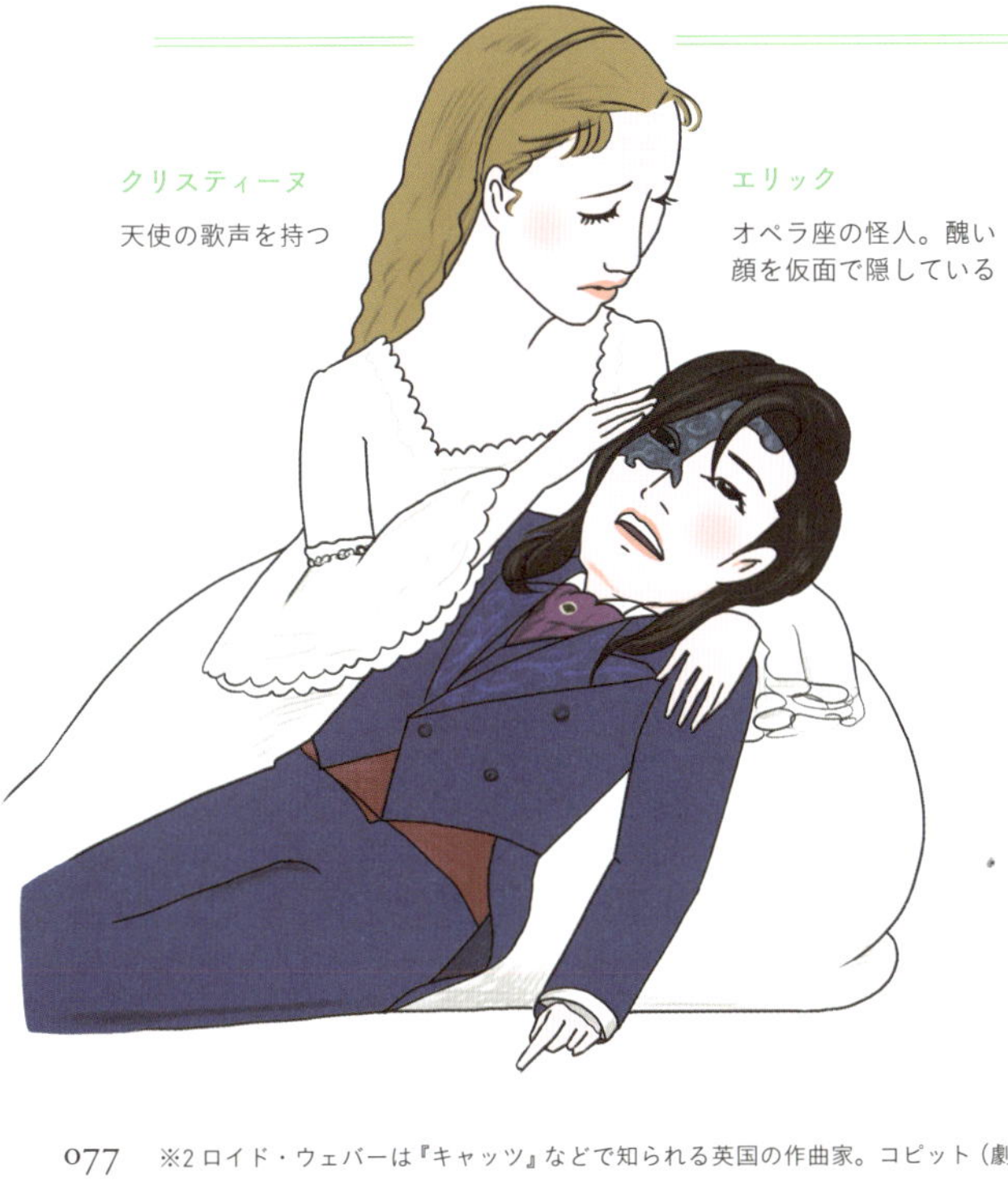

タカラヅカで描く、
オペラ座の怪人の愛

ファントム

パリ・オペラ座の地下深くに隠れ住む「ファントム」ことエリックは、クリスティーヌに秘密のレッスンをするうち、次第に彼女を愛するようになる。原作はガストン・ルルーの怪奇小説。劇団四季が上演しているロイド・ウェバー版とは別物の「アーサー・コピット＆モーリー・イェストン版※2」だが、こちらも名曲揃い。とりわけエリックとキャリエールが歌う「君は私のすべて」は圧巻だ。

2004年宙組初演
潤色・演出／中村一徳

※2 ロイド・ウェバーは『キャッツ』などで知られる英国の作曲家。コピット（劇作家）・イェストン（作曲家）はともに米国出身

ジーン・ケリーの名場面を
舞台で再現

雨に唄えば

映画がトーキーに切り替わろうとしている時代、無声映画の大スターのドンは駆け出しの女優キャシーとの出会いから新たな時代に踏み出す勇気を得る。ドンに一方的に惚れている悪声の大女優リナを声芸に秀でた男役が演じるのもお楽しみだ。

2003年星組初演　演出／中村一徳

Singin' In
The Rain♪

ドン・ロックウッド

雨の中で主題歌を歌い踊る、最も有名なシーン。舞台上には実際に水が降り、スターはずぶ濡れになる

人生は、豪華ホテルの中にあるのか?

グランドホテル

1927年のドイツ、ベルリンーの豪華ホテルでさまざまな人生が交錯する。初演ではサヨナラ公演の涼風真世がオットーを演じたが、2017年再演ではお披露目公演の珠城りょうがガイゲルン男爵を演じた。

1993年月組初演　演出・振付／トミー・チューン
演出／岡田敬二　演出・振付／ニキ・ハリス

グルーシンスカヤ

落ち目のバレエダンサー

ガイゲルン男爵

じつは借金だらけ

オットー

不治の病の
会計士

ベルナルドとシャークスの仲間たち

ベルナルド

日本人での初演はタカラヅカだった

WEST SIDE STORY

ニューヨークの下町で争うグループ「ジェッツ」と「シャークス」、憎しみの中で生まれたトニーとマリアの愛の行方は？…『ロミオとジュリエット』を題材にしつつ現代アメリカの社会問題も織り込まれ、バーンスタインの名曲とジェローム・ロビンズ振付※のダンスが彩る不朽の名作。

1968年月・雪組合同初演
演出・振付／サミー・ベイス
（初演時のタイトルは『ウエストサイド物語』）

※バーンスタインは作曲家・指揮者、ロビンズは振付家。このコンビのデビュー作が『オン・ザ・タウン』(2019年月組)

MORE TAKARAZUKA!

タカラヅカの海外ミュージカルは『オクラホマ！』から

カーリー

カウボーイ、
ローリーが好きだが…

ジャッド

農場の使用人、
カーリーの恋敵

ローリー

農場の娘、カーリーが
好きだが…

アド・アニー

ローリーの友だち、
少々移り気

1967年月・星組初演　演出／ジェームジー・デ・ラップ
作曲／リチャード・ロジャース　脚本・作詞／オスカー・ハマースタインII

アメリカでミュージカルの上演が盛んになり数々の名作が生まれた1950年代、タカラヅカでも「ミュージカルコメディ」「ミュージカルプレイ」などと称するオリジナル作品が多く作られるようになった。

そしてブロードウェイミュージカルへの初挑戦は創立から50年以上経った1967年『オクラホマ!』。リアルな芝居、ドーラン化粧、オーディションシステム…何もかもが初めて尽くし。もちろん「潤色（76頁）」など許されない。海外から招聘された演出家の指導にタカラジェンヌたちは必死に付いていった。

観客の評価は賛否両論だったという。だがこの挑戦がタカラヅカの海外ミュージカルの第一歩となった。

愛のかたち様々

メルヘンより「大人の恋の物語」が人気

「愛を描くこと」でタカラヅカの真骨頂は発揮される。だがメルヘンのような愛ばかりが描かれているわけではない。ここではとくに、男と女の心の揺れを深く繊細に描く作風でファンに長らく愛されてきた柴田侑宏《ゆきひろ》氏の代表作を中心に紹介する。どんなにリアルでも美しさは決して失わない、それが「タカラヅカらしさ」たる所以である。

いっぽう世の中の恋愛観、結婚観の変化に伴い、タカラヅカでも最近は結婚をゴールとする従来のパターンとは違う多様な愛のかたちが描かれるようになってきた。いつだってタカラヅカの舞台は愛を学ぶための最高の教科書である。

究極の純愛

うたかたの恋

世紀末ウィーンを舞台にした、オーストリア皇太子ルドルフとマリー・ベッツェラとの許されぬ恋。死によって永遠の愛を成就させる結末は、文楽・歌舞伎の心中物にも通じる。主人公ルドルフの目の覚めるような軍服姿は眼福。麻実《あさみ》れい・遥《はるか》くららのゴールデンコンビで初演されて以来、何度も再演されているラブロマンスの王道。

1983年雪組初演
脚本・演出／柴田侑宏

マリー、来週の月曜日、旅に出よう
はい、あなたとご一緒なら、どこへでも
マリー・ヴェッツェラ
男爵令嬢。ルドルフに憧れを抱いている
ルドルフ
オーストリア・ハプスブルク帝国の皇太子

愛の駆け引き

仮面のロマネスク

原作であるラクロの『危険な関係』は貴族社会での恋のゲームを書簡形式で描いた小説。だがタカラヅカ版は、惹かれ合いながらも素直になれない男と女のスリリングで哀しい恋物語となっている。

1997年雪組初演
脚本・演出／柴田侑宏

トゥールベル夫人
法院長の貞淑な妻

ヴァルモン子爵
美貌と才覚で家名を上げた貴公子。艶聞が絶えない

メルトゥイユ侯爵夫人
「トゥールベル夫人を誘惑できたら私は貴方のものになりましょう」とヴァルモンを試す

溺れる愛

琥珀色の雨に濡れて

貴族の青年クロードにはフランソワーズという婚約者があるが、フォンテンブローの森で出会ったマヌカンのシャロンが忘れられない。いわゆる「不倫」だが、男女の心の機微がきめ細やかに描かれた珠玉の名作だ。

1984年花組初演　脚本・演出／柴田侑宏

クロード
婚約者がありながらもシャロンに惹かれていく

シャロン
男の心を虜にする神秘的な女性

愛と友情

黒い瞳

原作はロシアの文豪プーシキンの『大尉の娘』。貴族の将校ニコライとマーシャとの愛、コサックの首領プガチョフと女帝エカテリーナⅡ世との対立。同時にニコライとプガチョフの間に身分を超えた絆も生まれる。

1998年月組初演　脚本／柴田侑宏
演出・振付／謝珠栄

マーシャ
スパイ容疑で逮捕されたニコライを救うため、エカテリーナⅡ世に直訴する

プガチョフ
ロシア帝国への反乱を企てるコサックの首領

ニコライ
プガチョフに助けられてから、彼との友情を育む

こんな愛の形もある・・・

少年たちの愛

ポーの一族

バンパネラ（本作品における吸血鬼の呼称）の一族に迎え入れられ、孤独に時を彷徨う兄妹エドガーとメリーベル。だが、メリーベルを失ってしまったエドガーは、あるとき学友として出会ったアランを永遠の旅のパートナーに選ぶ。

萩尾望都《はぎおもと》の人気漫画の舞台化であり、原作の大ファンの小池修一郎が脚本・演出を担当。"永遠の少年"エドガー役に相応しいトップスター明日海《あすみ》りおにより、小池長年の悲願が叶うことに。

2018年花組
脚本・演出／小池修一郎

アランが大切にしているロケット。中にはメリーベルと瓜二つの少女の写真が…

エドガー・ポーツネル
望まずしてバンパネラになってしまった少年。運命を嘆き、旅の道連れを求める

アラン・トワイライト
港町の貿易商会の子息。自分に追従しないエドガーに惹かれていく

殉じる愛

殉情

谷崎潤一郎の『春琴抄《しゅんきんしょう》』を舞台化。盲目の美少女、春琴は顔に熱湯を浴びせられ大火傷を負ってしまう。醜くなった顔を恥じる春琴を見た佐助は、ともに闇の世界で生きていく決意をし、自らも針で目を突くのだった。

1995年星組初演　脚本・演出／石田昌也

佐助
春琴の家の丁稚

春琴
大阪の商家の娘

セルゲイ・ディアギレフ
ヴァーツラフ・ニジンスキー

愛の変則三角関係

ニジンスキー

20世紀初頭に活躍したダンサー、ヴァーツラフ・ニジンスキーの生涯を描く。彼と同性愛関係にあったことでも知られる「バレエ・リュス」の興行主ディアギレフ、そして妻ロモラとの三角関係も描かれた挑戦的な作品。

2011年雪組　作・演出／原田諒

もはや愛のためには死なないヒロイン

霧深き エルベのほとり

1963年月組初演
作・演出/菊田一夫

船乗りカールと良家のお嬢様マルギットとの身分違いの恋。カールはマルギットの幸せのため、愛想尽かしをして身を引く

ロバート・キャパ 魂の記録

2012年宙組初演
作・演出／原田諒

キャパもタローも実在の写真家。二人は恋人であり仕事上の同志でもあった

1960年代のタカラヅカでは菊田一夫などの手によって悲恋物の名作の数々が生まれた。2019年にも再演された『霧深きエルベのほとり』（1963年初演）もそのひとつである。この時代の作品のヒロインたちは愛ひとすじに生き、時には愛のために命を犠牲にすることも厭わない。恋愛結婚の件数が見合い結婚を逆転したのがちょうど1960年代、こうしたヒロイン像は「恋愛のゴールとしての結婚」への憧れが生み出したものといえるだろう。

だが現代のヒロインは愛のために死んだりはしない。主役の男性と同志のような関係にあるヒロインも多く描かれるようになった。愛は男性に捧げるものではない、いまの女性は愛する男性と共に同じ方向を向いて進んでいくのである。

古今東西、様々な国が舞台

アメリカ

凍てついた明日

1998年雪組初演
作・演出／荻田浩一

1930年代アメリカで銀行強盗や殺人を繰り返した実在のカップル、ボニー＆クライドの破滅的な生涯

アメリカ

オーシャンズ11

2011年星組初演脚本・演出／小池修一郎

舞台はラスベガスのカジノ。恋の駆引もスロットマシーンの前で

朝鮮半島

太王四神記

2009年花組初演
脚本・演出／小池修一郎

人気韓国ドラマの舞台化。4世紀の高句麗、同じ日に生まれた2人の男が王位と4つの神器、そして愛する女性を巡って闘う

アルゼンチン

ブエノスアイレスの風

1998年月組初演
作・演出／正塚晴彦

かつて反政府ゲリラのリーダーで獄中にいた男の再生物語。タンゴのシーンが随所に織り込まれる

ギリシャ

オイディプス王

2015年専科
脚色・演出／小柳奈穂子

ギリシャ悲劇の傑作。オイディプス王と妻イオカステの呪われた関係が暴かれる

ロシア

神々の土地

2017年宙組
作・演出／上田久美子

1917年のロシア革命が舞台。ニコライ二世一家、怪僧ラスプーチンも登場

インド

オーム・シャンティ・オーム

恋する輪廻ー

2017年星組
脚本・演出／
小柳奈穂子

ボリウッド映画の大人気作品がタカラヅカに。大女優に恋する二流俳優が2幕では大スターとして転生

エジプト

王家に捧ぐ歌

2003年星組初演　脚本・演出／木村信司

オペラ『アイーダ』より。古代エジプトの戦士ラダメスとエチオピアの囚われの王女アイーダとの恋

中国

虞美人

1951年星組初演　作・演出／白井鐵造

古代中国、漢の始祖・劉邦によって滅ぼされる英雄・項羽とその寵姫・虞美人の悲劇

小説や映画も題材に

読んでから観るか？観てから読むか？

タカラヅカには古今東西の文豪の名作や、最近のベストセラー小説を舞台化した作品もたくさんある。原作の愛読者としては、脳内で想像を膨らませてきた人物が舞台上に現れるのが醍醐味だ。逆に、難しく感じられる古典も観てからであれば読みやすいかもしれない。もちろん原作をまったく知らなくても楽しめるようにできているからご安心を。

また、定番の名作から一見タカラヅカ向きとは思われないものまで、映画を舞台化した作品も多い。映画のリアリティがタカラヅカの夢の世界でどう生まれ変わるかも見どころだ。

こんな特技の持ち主が集まりました！

❶天才詐欺師ダニー・オーシャン ❷ダニーの相棒・ラスティ ❸マジシャン ❹ディーラー ❺伝説のスリの息子 ❻映像加工の達人（兄） ❼元カジノオーナー ❽ハッカー ❾ジャグラー ❿カリスマ詐欺師 ⓫映像加工の達人（弟）

イレブン結集シーンに男役の魅力凝縮

オーシャンズ11

1幕では様々な「特技」を持つイレブンメンバーが順に紹介され、2幕では宿敵ベネディクトの金庫から見事に金を盗み出し、テスの心も取り戻す過程が描かれる。目的は果たすが「誰も傷つけない」のはタカラヅカ版だけのルール。1幕ラストに全員がズラリ勢揃いするシーンは鳥肌モノ。2幕でラスティが変装した医師「ジョンソン先生」の日替わりのアドリブもお楽しみの一つになっている。

2011年星組初演　脚本・演出／小池修一郎

小夏

銀ちゃんの
恋人。彼の
子どもを
身ごもっている

ヤス(平岡安次《ひらおかやすし》)

大部屋俳優。
銀ちゃんに憧れる

ハエたたき
主役は
俺だ！！

倉岡銀四郎《くらおかぎんしろう》

スター俳優。華が
あり情に厚いが、
少々気まぐれ

タカラヅカ版蒲田行進曲

銀ちゃんの恋

映画では松坂慶子（小夏）、風間杜夫《かざまもりお》（銀ちゃん）、平田満（ヤス）らが登場した『蒲田行進曲《かまたこうしんきょく》』を舞台化。ラストの「階段落ち」の場面ももちろんやってみせる。好評により3度の再演を重ねている。

オレ様俳優の銀ちゃんはタカラヅカスターと意外に親和性があり、ド派手なスーツも難なく着こなしてみせる。いっぽうヤスはこれまで演技派スターが演じ、「夢の世界」タカラヅカの限界に挑戦してきた。

1996年月組初演　潤色・演出／石田昌也
原作・つかこうへい作『蒲田行進曲』

高杉晋作
居残り
佐平次

日本映画史に残るあの名作もタカラヅカで

幕末太陽傳

「鬼才」川島雄三監督の伝説の名作。落語の「居残り佐平次《さへいじ》」ほか「品川心中」「三枚起請《きしょう》」「お見立て」といった噺をもとに構成されている。時は幕末、品川の遊郭「相模屋」に無一文でやって来た佐平次は「居残り」を決め込み、持ち前の才覚と愛嬌で廓の人気者に。この作品がサヨナラ公演だった早霧《さぎり》せいなが佐平次役を自由自在に演じてみせた。

2017年雪組　脚本・演出／小柳 奈穂子

舞台版ならではの見どころも

カサブランカ

ハンフリー・ボガートとイングリッド・バーグマンによるあの名作映画を大空祐飛《おおぞらゆうひ》・野々《のの》すみ花《か》のお披露目公演で舞台化。タカラヅカではイルザの夫ラズロの「反ナチス運動の英雄」としての一面もしっかり描かれる。ドイツ将校にラズロたちが「ラ・マルセイエーズ」の大合唱で対抗する場面はタカラヅカならではの迫力だ。

2010年宙組　脚本・演出／小池修一郎

イルザ

リックの昔の恋人

リック

カサブランカの酒場「カフェ・アメリカン」の経営者

君の瞳に
乾杯！

タカラヅカ名作劇場［小説篇］

ジェイ・ギャツビー

愛する女性に再会したいがために富と名声を築いた男

グレート・ギャツビー

原作 フィッツジェラルド(アメリカ)

成り上がり者のギャツビーは、彼の心を捉えて離さない美女デイジーが夫と暮らす家の対岸に屋敷を構え、毎夜パーティーを開いて彼女が現れるのを待っていた…。ラストシーンでギャツビーが歌う「朝日の昇る前に」が名曲として知られる。ちなみにフィッツジェラルド自身を主人公とした作品『THE LAST PARTY』もある。

1991年雪組初演　脚本・演出／小池修一郎)
※初演時のタイトルは『華麗なるギャツビー』

カラマーゾフの兄弟

原作 ドストエフスキー(ロシア)

父と息子たちとのドロドロとした確執の物語。父と長男の2人から愛される妖婦グルーシェニカがヒロイン。流刑地シベリアに旅立つドミートリーの無精髭（91頁）がときめきポイントだった。

2009年雪組
脚本・演出／齋藤吉正

ヴィロンスキー

将来を約束されていた貴族将校

アンナ・カレーニナ

原作 トルストイ(ロシア)

人妻アンナが青年将校ヴィロンスキーと恋に落ち破滅していく物語だが、タカラヅカ版はヴィロンスキーが主人公。厳格だがアンナの理解者として描かれる夫カレーニンもタカラヅカ版では大人気だ。

2001年雪組初演
脚本・演出／植田景子

アンナ

ヴィロンスキーを熱い視線で見つめる

カレーニン

アンナの表情にショック

春の雪

原作 三島由紀夫(日本)

明治の終わり、松枝侯爵の令息・清顕《きよあき》と幼い頃から姉弟のように育った綾倉聡子は、聡子の婚約によって禁断の恋に堕ち、密会を重ねることに。ツンデレ清顕の明日海《あすみ》りお、聡子の咲妃《さきひ》みゆ、ともにはまり役だった。

2012年月組　脚本・演出／生田大和

綾倉聡子

綾倉伯爵家の一人娘。清顕に密かに想いを寄せる

松枝清顕

学習院高等科の学生。2歳年上の聡子に素直になれない

マチルド

ジュリアンを振り向かせたい貴族令嬢

レナール夫人

子どもの家庭教師として雇ったジュリアンに惹かれてしまう

ジュリアン・ソレル

ナポレオンを崇拝する野心家

赤と黒

原作 スタンダール(フランス)

ナポレオン失脚後のフランスを舞台に、野心家の青年ジュリアン・ソレルの波乱の生涯を描く。貞淑な人妻レナール夫人と気位の高い貴族令嬢マチルド、対照的な二人の女性がジュリアンに絡む。

1975年月組初演　脚本・演出／柴田侑宏
※初演時のタイトルは『恋こそ我がいのち』

王妃の館 ―Château de la Reine―

原作 浅田次郎(日本)

パリの高級ホテルに泊まりに来た個性的なツアー客たちと、何故か現れたルイ十四世が繰り広げるコミカルな群像劇。朝夏《あさか》まなと演じるベストセラー作家・北白川右京の「面白カッコ良さ」は必見。

2017年宙組　脚本・演出／田渕大輔

桜井玲子

旅行会社の窮状を救うため、「光ツアー」「影ツアー」を企画

クレヨン(黒岩源太郎)

近藤誠

ミチル

金沢貫一

早見リツ子

北白川右京

ピンクのスーツが似合うベストセラー作家。スランプに陥っている

美しく強いヒロインが新鮮

風と共に去りぬ

1977年星組初演　脚本・演出／植田紳爾

風と共に去りぬ

スカーレット2

本音を語るスカーレットの分身

スカーレット・オハラ

南部の誇り高い娘。自分が愛するのはアシュレだと思い込んでいる

レット・バトラー

皮肉屋のリアリスト。スカーレットを心から愛しているがなかなか素直になれない

男役が演じるスカーレット

1977年に初演、「ベルばらブーム」に続く大ヒットとなった大作だ。初演はレット・バトラーが主人公だったが、翌78年にはスカーレットを主人公にしたバージョンも上演された。どんな苦難にもめげずにタラの大地で逞《たくま》しく生き抜くスカーレットは、タカラヅカでは男役が演じることが多い。

気が強すぎて、つい本心とは裏腹なことを言ってしまいがちなスカーレットだが、そんなスカーレットの「心の声」を表現する「スカーレット2」が登場するのがタカラヅカ版の特徴。1と2の対決によりスカーレットの葛藤が描かれ、観客の共感を呼び起こす。

名場面集

強烈な個性の登場人物たちは発する台詞も強烈で忘れがたい。

「私にはタラがある！」
スカーレットの生命力に脱帽

突如として南部のために命を捨てる、戦場のバトラー船長の色気

激しすぎる愛ゆえに…「君の頭を胡桃のように割ることもできる」

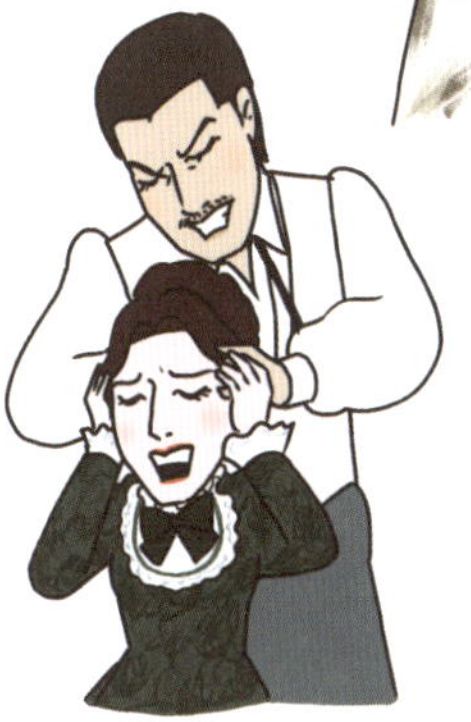

「金貨で150ドル」
金にものを言わせる愛の告白、されてみたい

タカラヅカが誇る髭男子たち

バトラーだけではない
男役の色気の結晶、髭。

『For the people』
リンカーン

『カラマーゾフの兄弟』
ドミートリー

『太王四神記』
プルキル

『NOBUNAGA』
織田信長

『ME AND MY GIRL』
ジョン卿

初演の頃はトップスターが髭をつけるかどうかが大問題だった。榛《はる》名《な》由《ゆ》梨《り》の決断で髭をつけることになったが、髭賛成派と反対派の議論が新聞記事で取り沙汰されるほどだった。だが今や髭は男役の通過儀礼であり経験値の一つに。昔は「お嫁にいけなくなる」と抵抗があった髭だが、今どきの男役はみんな普通に「つけてみたい」と思っている。今や日本で一番髭をかっこよく生やせるのはタカラヅカの男役かも。

コミカルな作品も

主従の入れ替わりが生んだ2つの恋

めぐり会いは再び

　伯爵令嬢の花婿選びに招かれたドラントは、相手の素顔を見極めるために従者のブルギニョンと入れ替わる。ところが、恋愛不信の伯爵令嬢シルヴィアも侍女のリゼットと入れ替わっており、2組がそれぞれ恋に落ちてしまったからさあ大変！フランスの劇作家マリヴォーの喜劇『愛と偶然との戯れ』が原作だが、現代風な脚色・演出が好評を博し、続編『めぐり会いは再び 2nd』も2012年に上演。

2011年星組　脚本・演出／小柳奈穂子

ブルギニョン
実はドラントの従者

リゼット
実はシルヴィアの侍女

男なんてみんな、
優しくておっとりしてて
何もない所で転ぶような
ドジっ子が好きなのよ！

シルヴィア
実は伯爵令嬢

ドラント
実は公爵の子息

二枚目スターの意外な一面にときめく

　大悲恋だけではない、タカラヅカはコメディだってやっている。いつもは二枚目なスターが見せるひょうきんな一面には「ギャップ萌え」効果もあり、よけいにキュンとしてしまったりする。でも、笑いにおいても品格は忘れない。見る人を嫌な気分にさせる笑いはタカラヅカにはない。

　アドリブが入る場面は演者のセンスの見せどころだ。こうした場面では日替わりアドリブを毎日記録している熱心なファンも現れる。歌舞伎や文楽でも「チャリ場」と呼ばれる息抜き場面は必須だ。日本の演劇に笑いは不可欠、タカラヅカも例外ではない。

悪友同士のかけ合いは「間」が命

メランコリック・ジゴロ

　ジゴロのダニエルは悪友スタンから持ちかけられた睡眠口座詐欺の話に一攫千金を夢見る。ところが、口座の相続人の本物の妹が現れてしまった。おまけに口座を巡る事件にも巻き込まれ…。1993年初演では「ヤンミキ」こと安寿ミラ・真矢みきがダニエルとスタンを演じた。男役コンビの息のあった芝居が見どころの作品だ。

1993年花組初演　作・演出／正塚晴彦

名前からはじまる恋もある

Ernest in Love

原作はオスカー・ワイルドの『真面目が肝心』。「アーネスト」に憧れる女たちと「アーネスト」を騙る男たち。「まじめ・誠実・熱烈」の意味を持つ「アーネスト」という名前が珍事件を巻き起こす物語だ。

2005年月組初演
日本語脚本・歌詞、演出／木村 信司

騙した相手はさらに上手だった!?

再会

「ある女性を口説いてから捨て、その経緯を小説に書くこと。できなければ全財産を弟に譲る」父親の変わった「テスト」に意気揚々と臨むジェラール。だがそこにはとんでもない女性が待ち受けていた！

1999年雪組初演　作・演出／石田昌也

日本物の魅力

タカラヅカにしかできないジャンル

洋物のミュージカルの舞台は数あれど、日本物のミュージカルをこれほど完璧に見せられる劇団はタカラヅカだけだ。輪っかのドレスや軍服も良いけれど、日本物の各時代のお衣装にもまた違った美しさがある。平安時代の話であれば十二単のお姫様が、戦国時代であれば鎧兜《よろいかぶと》で身を固めた武士が、そして江戸時代であればいなせな町人の若者や艶やかな芸者が登場するだろう。

史実を元にした作品も多いから、日本史の勉強にもなる。歴史上の有名人が作品ごとにどう描かれるかも興味深い。人情の機微がじっくり味わえるのも日本物ならではだ。

飛鳥時代 匂い立つ万葉ロマン

あかねさす紫の花

万葉の歌人としても名高い額田女王をめぐる大海人皇子と中大兄皇子との恋のさや当ての物語。作品名は額田の詠んだ「あかねさす紫野行き標野行き野守は見ずや君が袖振る」が由来だ。「壬申《じんしん》の乱」を予感させるラストシーンが衝撃的。何度も再演された名作で、大海人と中大兄、それぞれを主人公にした2つのバージョンがある。

この他、敗者である蘇我鞍作《くらつくり》（入鹿）を主人公とした『飛鳥夕映え』、中大兄のブレーンであった中臣鎌足を主人公とした『鎌足』など、大化の改新を様々な立場から描いた作品がある。

1976年花組初演　作・演出／柴田侑宏

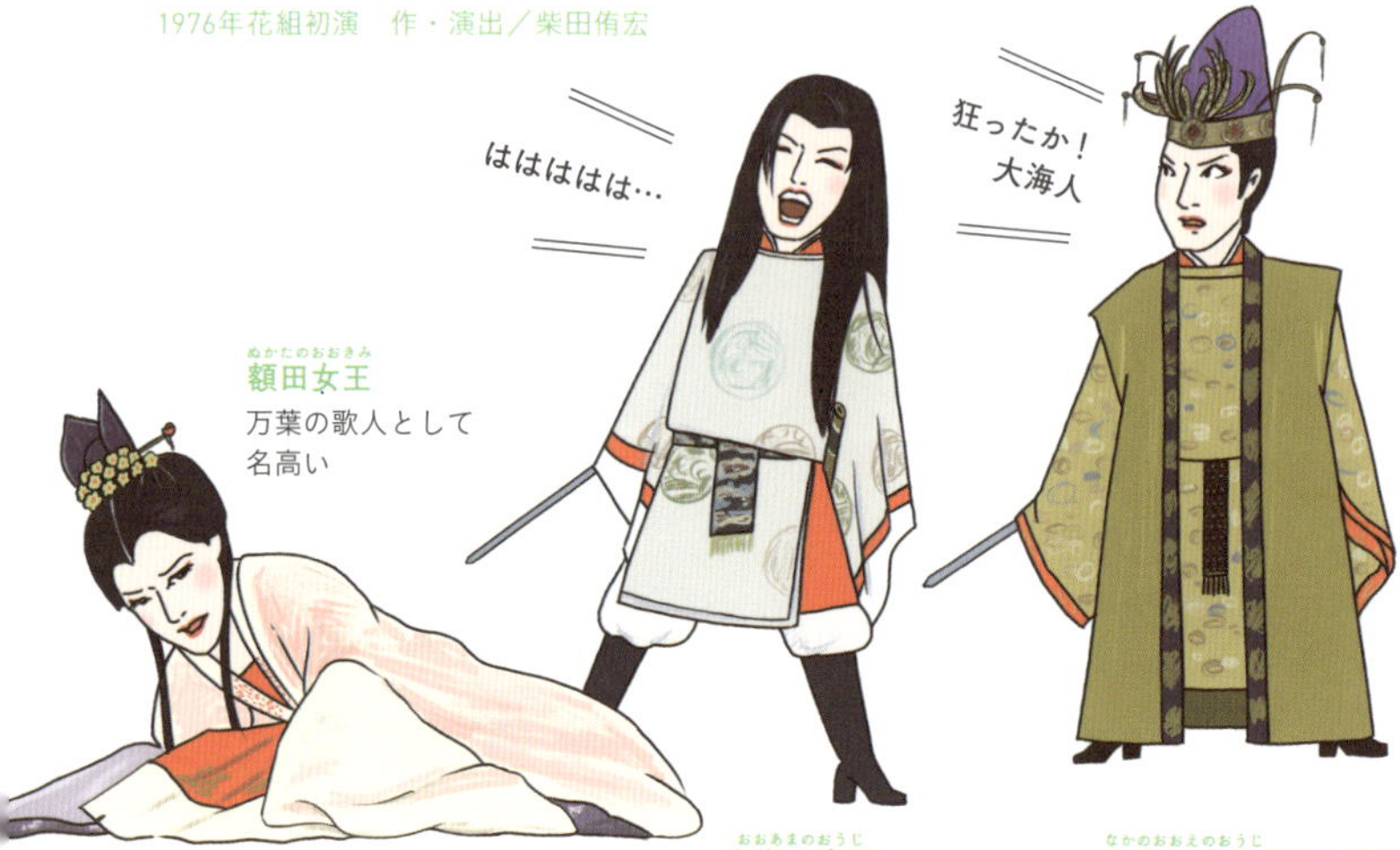
ははははは…
狂ったか！
大海人

額田女王《ぬかたのおおきみ》
万葉の歌人として名高い

大海人皇子《おおあまのおうじ》
後に壬申の乱に勝利し、天武天皇となる

中大兄皇子《なかのおおえのおうじ》（天智天皇）
中臣鎌足らとともに大化の改新を推進した

平安時代 十二単姿の競演も艶やか

新源氏物語

『源氏物語』は1953年の春日野《かすがの》八千代《やちよ》主演版に始まり何度か舞台化されてきたが、これは田辺聖子の同名の小説が原作で、光源氏の理想の女性は藤壺だ。この他、大和《やまと》和紀《わき》の漫画『あさきゆめみし』を原作とした作品もある。こちらでは藤壺と紫の上を同じ娘役が演じ、最後に光源氏の永遠の伴侶となるのは紫の上である。

1981年月組初演　脚本・演出／柴田侑宏

光源氏
理想の女性を
探し求めている

戦国時代 かぶき者が愛馬と共に駆け抜ける

一夢庵風流記《いちむあんふうりゅうき》 前田慶次

原作は隆慶一郎の同名の小説。加賀百万石の礎を築いた前田利家の甥でありながら、自由奔放な「かぶき者」を貫き通した前田慶次の痛快な生き様が、この作品がサヨナラ公演となった壮一帆《そうかずほ》に重なった。

2014年雪組　脚本・演出／大野拓史

室町時代 大野ワールドが本領発揮

睡《ねむ》れる月

室町時代を舞台にした作品は珍しい。「万人恐怖せり」といわれた六代将軍・足利義教の時代の動乱を、京都から南朝の人々が潜む吉野に舞台を移しながら描く。主人公・浜松中納言と義兄・式部卿宮の深い絆も見どころ。

2005年雪組　作・演出／大野拓史

足利義教の寵愛を
受けながら家を守

江戸時代 同じ星を見た子らを宿命が引き裂く

星逢一夜

八代将軍徳川吉宗の治世、山に囲まれた三日月藩では藩主の息子・天野紀之介（晴興《はるおき》）が百姓の娘・泉や源太と、日がな星を見上げては友情を育んでいた。ところが、兄の死で世継ぎになった晴興は江戸に上ることに。やがて吉宗にその才覚を認められ、享保の改革を先頭切って行う晴興と、泉や源太との対立は避けがたいものになっていく…。

2015年雪組初演　作・演出／上田 久美子

江戸時代 忠義のために命を捨てる男たち

忠臣蔵

ミュージカル版『忠臣蔵』。幕開きの場面で、大階段に四十七士がズラリと居並ぶさまは壮観。トップスター杜《もり》けあきのサヨナラ公演、そして旧・宝塚大劇場最後の公演でもあり、大石内蔵助最後の台詞が印象深い。

1992年雪組　作・演出／柴田侑宏

江戸時代 ちょっとぶっきらぼうな所も素敵

小さな花がひらいた

山本周五郎の小説『ちいさこべ』を舞台化。江戸の大火の後、店の再興に奮闘する大工の若棟梁・茂次が主人公。「青天《あおてん》鬘」をかぶった粋でいなせな姿が見られるのは、江戸時代の町人物ならではだ。

1971年花組初演　脚本・演出／柴田侑宏

幕末 剣の達人・沖田総司の儚い恋

星影の人

総司の恋に焦点を当てたタカラヅカらしい作品。新撰組を描いた作品には土方歳三を主人公とした『誠の群像』、南部藩出身の吉村貫一郎を主人公とした『壬生義士伝』もある。

1976年雪組初演　作・演出／柴田侑宏

土方歳三

新撰組の「鬼の副長」

沖田総司

芸妓・玉勇に淡い恋心を抱く。結核で早世

幕末 「日本」の将来を見据えた男の生き様

維新回天・竜馬伝！

幕末のヒーロー、坂本竜馬を主人公としたタカラヅカ作品といえばこれ。初演・再演では真矢みき、大劇場版としてリメイクされた2006年宙組版では貴城《たかしろ》けいが竜馬を演じた。

2006年宙組　作・演出／石田昌也
※1989年花組『硬派・坂本竜馬！』・1996年花組『RYOMA』のリメイク版。

坂本竜馬

土佐の郷士（下級武士）。薩長同盟にも奔走

中岡慎太郎

土佐勤王党、竜馬の同志

徳川慶喜

徳川幕府15代将軍

戦前から戦後 日本の戦後史をタカラヅカで学ぶ

黎明の風

白洲次郎が主人公。妻・正子との出会い、戦後のマッカーサーとの対決、そして吉田茂首相の下、サンフランシスコ平和条約が締結されるまでが描かれる。「葬式無用・戒名不用」という有名な遺書の文言も登場。信念を貫き通した男の生き様を通して、まだ歴史として風化しきっていない時代が絶妙なバランス感覚で舞台化されている。

2008年宙組　作・演出／石田昌也

プレストン大佐

親日派の将校

ダグラス・マッカーサー

連合国軍最高司令官

白洲次郎《しらすじろう》

終戦連絡中央事務局「CLO」局長、吉田茂の懐刀

辰美英次《たつみえいじ》

陸軍将校からCLO局員となる

吉田茂

1946年より首相。戦後日本の立直しを推進

現代から未来へ

ユニークな野心作も多い

邪魔だどけ！誰もこのショーを止められない

BADDY《バッディ》 —悪党《ヤツ》は月からやって来る—

103年間平和が続いている地球の首都TAKARAZUKA-CITY、そこに月から大悪党バッディが乗り込んできた！　万能のグッディ捜査官との対決やいかに？

人間世界における悪の効用について改めて考えさせられる問題作。フィナーレでは羽根を背負ってサングラスをかけたバッディ様がタバコを吸いながら降臨した。

2018年月組　作・演出／上田久美子

ポッキー巡査
グッディに想いを寄せる

スイートハート
バッディの相棒兼恋人？

バッディ
月からやってきたヘビースモーカーな大悪党

宇宙人
出向銀行員

グッディ捜査官
地球の平和を守るため、日々の鍛錬を欠かさない

フランス革命やハプスブルク家の話が多いイメージのタカラヅカだが、現代あるいは未来を舞台にした作品だってやっている。もともと『ウエストサイド・ストーリー』だって初演当時は同時代のアメリカを描いて脚光を浴びた作品だった。というわけで、「ベルばら」以前のタカラヅカは同時代の日本を舞台にしたミュージカルにもしばしば挑戦していたのだ。

数は少ないが、時折上演される現代物には必ず問題提起がある。登場人物たちもいつも以上に身近で身につまされることも多いが、それでも現代を生きる観客に勇気と希望を与えてくれる。

日本人のサラリーマンが主人公

カンパニー

―努力《レッスン》、情熱《パッション》、そして仲間たち《カンパニー》―

製薬会社の総務課長として黙々と働いていた青柳誠二が、会社が協賛公演を行うバレエ団に出向に。突然の人事異動に衝撃を受けるが、様々な出会いの中で自分らしい生き方を見つけていく。トップスター珠城《たまき》りょう演じる青柳は、溢れる誠実さと優しさで「理想の結婚相手」との呼び声も高かった。伊吹有喜の同名の小説を舞台化。

2018年月組　作・演出／石田昌也

壁を壊すのが
合併の趣旨じゃ
ありませんか！

青柳誠二

美波たちとの関わりの中で、仕事に取り組む姿勢も変わっていく。空手・柔道・書道、合わせて十段の腕前。

高崎美波

コンビニでアルバイトをしながらバレエダンサーを目指す

アンドロイドだって恋をする

アイラブアインシュタイン

「AI（＝人工知能）」は「愛」と「I（自我）」を持つことができるのか？…タカラヅカらしいファンタジーの背後に「現代」のリアルを感じさせる作品。「アンドロイド」と「人間」の演じ分けも役者の見せどころだ。

2016年花組　作・演出／谷貴矢

アルバート

実はアンドロイド

エルザ

アンドロイド

宇宙を手に入れるその日まで…

銀河英雄伝説 @TAKARAZUKA

人気長編小説の舞台化。主要キャラクターの完璧なビジュアルと「ファイエル！」「プロージット！」など萌えゼリフ満載の展開が原作やアニメのファンをも唸らせた。宇宙空間での戦争シーンは映像を駆使して表現。

2012年宙組初演　脚本・演出／小池修一郎

ラインハルト　ロイエンタール

ミッターマイヤー　キルヒアイス

ヤン・ウェンリー　オーベルシュタイン　ヒルダ

他ジャンルとのつながり

伝統芸能への入り口としても最適

歌舞伎に代わる「新時代の国民劇」（130頁）として誕生したタカラヅカは創設時から、他ジャンルの舞台芸術から学び、そのエッセンスを取り入れることに貪欲だった。このため歌舞伎や文楽、落語など日本の古典芸能からオペラ、オペレッタまで、様々なジャンルと関わりのある作品も多い。元の作品がどのようにタカラヅカ流にアレンジしてあるかを見比べると、タカラヅカの独自性も見えてくる。

他ジャンルのさまざまな舞台芸術にも興味がわいたら、思い切って舞台を観に行ってみると世界はさらに広がる。タカラヅカは何となく堅苦しそうな伝統芸能の良き入り口にもなる。

文楽・歌舞伎から

心中・恋の大和路

近松門左衛門《ちかまつもんざえもん》の名作『冥途《めいど》の飛《ひ》脚《きゃく》』のリメイク。吹雪の中を死への旅路に向かう結末はタカラヅカならではの哀しくも美しい演出だ。

忠兵衛《ちゅうべえ》の友人・八右衛門《はちえもん》は歌舞伎だと徹底した悪人だが、文楽の八右衛門は忠兵衛を気遣う良き友であり、タカラヅカ版も文楽を踏襲している。かもん太夫に心を寄せる手代の与平など、近松の原作には出てこない人物たちが繰り広げるサブストーリーも見どころ。

1979年星組初演　脚本・演出／菅沼潤

忠兵衛

飛脚問屋「亀屋」の後継ぎ。梅川の身請けのため店の金300両の封印を切ってしまう

梅川

大坂・新町の遊女。忠兵衛と深い仲だが他の客に身請けされそうになっている

落語から

ANOTHER WORLD

「恋わずらい」で死んだ康次郎が「あの世」で出会った人々と力を合わせ閻魔大王と戦い、恋を成就させる。上方落語「地獄八景亡者戯」などいくつかの噺を題材にした抱腹絶倒の「落語ミュージカル」。

作・演出の谷正純はこれまでも『くらわんか』『雪景色』など落語を題材とした作品を手がけている。

2018年星組　作・演出／谷正純

冥途に来た理由

喜六《きろく》
5日前の
サバの刺身

康次郎《やすじろう》
恋わずらいで…

徳三郎《とくさぶろう》
フグの肝を
食べた

貧乏神
愛称ビンちゃん。
今は冥途の案内人

トゥーランドット
求婚してくる王子達に3つの謎を
出し、解けない者の首を刎ねる

カラフ
戦に敗れ滅びてしまった国の王子。今は放浪の身

オペラから

鳳凰伝

オペラ『トゥーランドット』と同じ戯曲をもとにしているが、楽曲はタカラヅカのオリジナル曲だ。召使いリューはタマルという名前に変更。カラフの友となる盗賊バラクなど、オペラには出てこない人物も登場する。

2002年宙組初演　脚本・演出／木村信司

ファルケ博士
高名な物理学者で
あり人気童話作家
だが、あだ名は
「こうもり博士」

私が描く物語は何色？
愛が彩る夢の舞台～

オペレッタから

こうもり

ウィーンの国立歌劇場で大晦日に上演されるのが恒例の人気オペレッタ。ヨハン・シュトラウス2世の手による名曲の数々がタカラヅカでも歌われ、最後は「シャンパンの歌」で盛り上がるのもオペレッタと同じだ。

2016年星組　脚本・演出／谷 正純

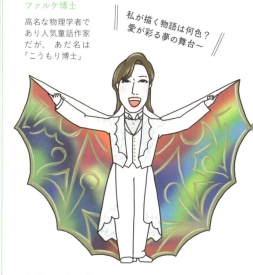

ショー・レビューの名場面

何度見てもテンションが上がる

ショーやレビューはお芝居と違って再演されることはほとんどないが、稀に再演される作品もある。その場合も個々の場面は出演者に合わせて改変されることが多いが、中には「このショーといえばこの場面」といわれ、必ず上演される定番場面がある。また、『ベルサイユのばら』や『エリザベート』など一本ものの大作のフィナーレにも名物場面がある。

　ここではそんな場面をいくつか紹介しよう。群舞の迫力と統制美、デュエットダンスから伝わる男女の様々な関係性、そして匂い立つ男役の色気など、名場面にはタカラヅカのショーの魅力のエッセンスが詰まっている。

『シトラスの風』より

明日へのエナジー

ゴスペルの大合唱、そして学生服風な衣装を身につけた宙組のビッグな男役たちによるダンス。新生宙組の誕生に相応しい一場面として誕生し、その後も何度も上演されている。

1998年宙組初演　作・演出／岡田敬二

ハレルヤ！ハレルヤ！
黒の上着の下に鮮やかな色のお衣装を着ている

『Apasionado!!』より

熱帯夜

男役の「女装」シーンの真骨頂。可愛いトゥリパン（スペイン語でチューリップ）からアダルトなネグロロサ（黒薔薇）まで、様々な花に扮した男役たちが銀橋を練り歩く姿は迫力満点！

2008年月組初演
作・演出／藤井大介

男役がそれぞれの個性に合った「花」に扮しているのも面白い

『EXCITER《エキサイター》!!』より

Dream《ドリーム》 Exciter《エキサイター》!!

―夢の革命―

『EXCITER!!』は2009年初演の後、1年後に早くも再演。花組は「男役が育つ組」といわれるが、このプロローグはそんな「花男たち」の魅力爆発な場面だ。

2009年花組初演
作・演出／藤井大介

『ノバ・ボサ・ノバ』より

シナーマン

ブラジル、リオのカルナバルが舞台。その熱狂が最高潮に達した時、激しく飛び跳ねる人々の中で全員が飛び跳ねる激しい振りの後、主人公ソールが難曲「シナーマン」を歌い上げる。まさに義賊ソール（＝太陽）が神となるかのよう。

1971年星組初演
作・演出／鴨川清作

八百屋舞台（傾斜がついており舞台の後方が高くなっている）

一本立て名作フィナーレの名場面

『エリザベート』(72頁)より

闇が広がる

『エリザベート』(72頁) のフィナーレは毎回変わるが、この場面だけは初演から続いている。思わず真似したくなる独特の振付。組によって雰囲気が変わるのも面白い。振付は羽《は》山《やま》紀《き》代《よ》美《み》。

『ベルサイユのばら』(70頁)より

ボレロ

1975年花組「アンドレとオスカル編」で、アンドレ役の榛《はる》名《な》由《ゆ》梨《り》とオスカル役の安《あん》奈《な》淳《じゅん》が初めて踊って話題になった。名場面「今宵一夜」を思わせる官能的なデュエット。振付は喜多弘。

『風と共に去りぬ』(90頁)より

ナイトアンドディ

1977年の星組初演で鳳《おおとり》蘭《らん》と遥《はるか》くららが踊って以来の定番。バトラー役が男の色気を振りまきつつ一人大階段を降りて来てからスカーレット役と小粋に踊る。振付は喜多弘。

MORE TAKARAZUKA!

黒《くろ》燕《えん》尾《び》群《ぐん》舞《ぶ》の歴史

中心は必ずトップスター

「男役の制服」と言われる黒燕尾。その着こなしには一人ひとりのこだわりがあり、踊るときも他の場面のダンスとは違う品格が求められる。

大階段での黒燕尾群舞はショーのクライマックスだ。サヨナラ公演など、ここぞという時に行われることが多い。いつもならひときわ派手な衣装を着ているトップスターが他のメンバーと同じスパンコールなしのシンプルな黒燕尾で踊ることもあり、これまた粋なものだ。

1988〜91年に花組トップスターを務めた大浦みずきは「タカラヅカのアステア※」と呼ばれ、黒燕尾のダンスが客席を魅了。この頃から黒燕尾群舞が見せ場になり始めた。振付家の羽山紀代美の功績も大きい。

※ フレッド・アステア（1899〜1987）は1930〜50年代ハリウッドのミュージカル映画全盛期に活躍した名ダンサー。

日本物ショー・レビュー

「チョンパ！」の幕開き　華やかさに酔いしれる

　タカラヅカには洋物だけでなく「日本物」のショー・レビューというジャンルも確立している。拍子木の音に続きパッと照明がついた瞬間、出演者一同が銀橋にズラリと居並ぶ「チョンパ」と呼ばれる幕開きは圧巻だ。
　男役スターの若衆姿は、歌舞伎の始祖と呼ばれる「出雲の阿国」もこんな風だったのかもしれないと思わせる。オーケストラが奏でる洋楽に合わせて大勢で踊るタカラヅカ流日舞は、テンポもよく見応えがあり現代の私たちにも馴染みやすい。最近は若手演出家の作品も出てきている。タカラヅカで、「和の世界」の扉を気軽に叩いてみよう。

花鳥風月にも現代的エッセンスを

雪華抄《せっかしょう》

　初春の「紅梅白梅」に始まり、「鷹と鷲」の一騎打ち、ロマンチックな「七夕幻想」、民謡でつづる「波の華」、安珍への燃える恋心を描く「清姫綺譚」、そしてフィナーレ「桜花夢幻」で再び春へ。ベテラン演出家が担当することが多かった日本物ショーを若手の原田涼が手がけ、現代的なエッセンスも加わった作品となった。

2016年花組　作・演出／原田諒

岩山に仲間と棲んでいる
袂の部分が鳥の羽根のようなデザインになっている

転生を繰り返し巡りあう2人

白《しら》鷺《さぎ》の城

日本物ショーの中にはストーリー性がある「舞踊詩」と呼ばれる形式があるが、この作品も「舞踊詩」的なショーだ。狐の化身である「玉藻前」と、狐の血を引く陰陽師との1000年の時を超えた恋物語。45分の上演時間でトップスター真《ま》風《かぜ》涼《すず》帆《ほ》が平安時代の公達、中国の皇帝、戦国時代の武将、江戸の粋な若者と、タカラヅカの日本物で見たい男役スターの姿がすべて拝める美味しいショーである。

2018年宙組　作・演出／大野拓史

タカラヅカ100周年を祝して

宝塚をどり

創立100周年の記念の年に、タカラヅカの日本物ショーの伝統を踏まえながら、挑戦の姿勢をもって作られたショー。100周年にちなんで「百花の王・牡丹」や、「百獣の王・獅子」なども登場した。

2014年月組　作・演出／植田紳爾

場面名「祝百年花すみれ」

「民族舞踊シリーズ」の系譜

MAHOROBA

天地創造からヤマトタケルのクマソ征伐までの物語を、各地の伝統芸能・民族舞踊を織り込みながら見せていく。日本郷土芸能研究会による「民俗舞踊シリーズ」(1950〜70年代・138頁) の流れを受け継ぐショーである。

2007年月組　作・演出・振付／謝珠栄

場面名「ニライカナイ」　琉球をイメージした場面で沖縄舞踊を踊る

時代を先駆けるバウホール公演

演出家にとっても登竜門の劇場

大好評につき急遽東京公演も決まった

月雲《つきぐも》の皇子《みこ》

時は5世紀、心優しい木梨軽皇《きなしかるのみ》子《こ》と武勇に優れた穴穂皇子《あなほのみこ》、対照的ながら仲の良い二人は共に血の繋がらない妹、衣通姫《そとおりひめ》に想いを寄せていた。やがて兄弟は権謀術数の渦に巻き込まれ、弟は兄の皇位を奪い、兄は虐げられた民「土蜘《つちぐ》蛛《も》」の首領となって立ち上がる。

雅やかにすすむ1幕から、2幕では兄弟ともに豹変。「国」とは血を流しながら作られ、歴史は勝者によって紡がれることを思い知らされ、「歌を詠む者」「言葉を弄する者」について考えさせられる壮大なスケールの物語。演出家・上田久美子の鮮烈なデビュー作。

2013年月組　作・演出／上田久美子

我らニ人の志は、
一つではなかったのか

弟・穴穂皇子《あなほのみこ》

允恭天皇の第二皇子。兄と共に強い国を作ることを夢見ていた

兄・木梨軽皇子《きなしかるのみこ》

允恭《いんぎょう》天皇の第一皇子。争いを好まず、歌を詠むのが好きだった

宝塚バウホールは宝塚大劇場に併設された客席数500ほどの小劇場だ。バウホールの「バウ」とは船の舳先《へさき》の意味だが、大海原《おおうなばら》に漕ぎ出していく船のごとく「時代の先端を行く作品を作り出していきたい」という思いを込めて1978年に作られた劇場である。

ここでは客席数2500の大劇場ではなかなか上演できない斬新な作品も登場する。タカラジェンヌにとってバウホール主演はトップスターへの登竜門だが、演出家にとっても腕試しの場だ。今は大御所として活躍する演出家のバウホール第一作は、その人らしさが最も表れた作品であることが多い。

ニール・サイモンのコメディを専科の二人で

おかしな二人

ずぼらな性格のオスカーは妻と離婚して気ままな一人暮らしを楽しんでいたが、そこに几帳面な性格のフィリックスが「妻に逃げられた」と転がり込んできた！

ブロードウェイの喜劇王の傑作を轟《とどろき》悠《ゆう》・未《み》沙《さ》のえるの専科コンビで上演。好評につき、同じニール・サイモンのコメディ『第二章』も2013年に上演されている。

2011年専科　脚色・演出／石田昌也

あの演出家のデビュー作

ヴァレンチノ

『エリザベート』で知られる小池修一郎氏も、この作品でバウホールからデビューした。初演でルディーを演じた杜《もり》けあきはこの作品への思い入れが強く、卒業直前の1992～3年にも再演している。2011年にも宙組・大空祐飛が再演。

1986年雪組初演　作・演出/小池修一郎

娘役だって主演する！

愛聖女（サントダムール）

娘役が主演したレアな作品。火刑に処される寸前のジャンヌ・ダルクが突然タイムスリップ、現代でも悪事を暴き正義を守ってしまう。主演の月組トップ娘役・愛《まな》希《き》れいかをはじめ、女性キャラクターがパワフルだった。

2018年月組　作・演出／齋藤吉正

2・5次元舞台

1 フェニックス・ライト（成歩堂龍一）
2 マイルズ・エッジワース（御剣怜侍）
3 ディック・ガムシュー（糸鋸圭介）
4 ラリー・バッツ（矢張政志）
5 マヤ・フェイ（綾里真宵）
※カッコ内はゲームでの名前

『逆転裁判2』

『逆転裁判』

『逆転裁判3』

ゲームがタカラヅカで初の舞台化

逆転裁判 ―蘇る真実―

　人気のゲームソフト『逆転裁判』を舞台化。ゲームのファンが劇場に詰めかけ、ロビーはいつもと一味違う雰囲気に。好評につき半年後に続編の上演が決定するという異例の事態となった。4年後の2013年にはゲームの人気のキャラクターであるエッジワース検事を主人公とした『逆転裁判3』の上演も実現した。

2009年宙組初演　脚本・演出／鈴木圭

「ベルばら」以来のタカラヅカの十八番

　最近は漫画やアニメ、ゲームを舞台化した「2・5次元舞台」が人気だが、タカラヅカでもそうした作品が増えている。そして、二次元の世界を抜け出たようなキャラクターが舞台上で息づく姿を一目見ようと、原作ファンもたくさん劇場に詰めかけている。

「夢（非現実）の世界」の舞台化といえばタカラヅカの十八番。振り返ってみれば二次元の世界の三次元化は、「ベルばら」に始まっているのだ。衣装、メイクから演技に至るまで、豊かな経験から蓄積されたノウハウを生かし、スタッフ陣の力と役者のこだわりが存分に発揮できる得意分野である。

道明寺とつくし、完全再現

花より男子

英徳学園のイケメン御曹司4人組「F4」が客席を魅了！　真っ直ぐな心の持ち主で、「雲泥（うんどろ）の差」「竹馬（たけうま）の友」などと言ってしまう日本語力のアヤしさも可愛い道明寺司は柚香光《ゆずかれい》のハマり役だった。また、城妃美伶《しろきみれい》がパワフルに演じる庶民代表・牧野つくしが次々と困難を打破していく姿に観客も思わずエールを送りたくなった。

2019年花組
脚本・演出／野口幸作

西門総二郎
家は茶道（表千家）の家元

美作あきら
総合商社・美作商事の社長の息子

道明寺司
道明寺財閥の御曹司でF4のリーダー。つくしに心惹かれていく

花沢類
花沢物産の御曹司。つくしの憧れの人

牧野つくし
パワフルな庶民。その強さで周りの人々を変えていく

ピノコの可愛さ、プライスレス

ブラック・ジャック

許されざる者への挽歌

再演のブラック・ジャックは色恋の気配を感じさせず、相棒ピノコが唯一の心のよりどころである。恋愛要素を主に担当するのは、バイロン侯爵とカテリーナのカップルだ。

2013年雪組　作・演出／正塚晴彦

無免許医だが手術の腕は天才的

アイリス

ケイン

国民的無免許医、宝塚に降臨

ブラック・ジャック

危険な賭け

『ブラック・ジャック』はこれまで2度上演されているがストーリーは全く別物だ。初演のブラック・ジャックはかつての恋人如月恵への想いを心に秘めており、ピノコはほとんで出てこない。

1994年花組　作・演出／正塚晴彦

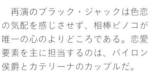

ルパンとマリー・アントワネットが時空を超えて出会う！

ルパン三世―王妃の首飾りを追え！―

2.5次元舞台におけるタカラヅカのキャラクター再現力は抜群に高いが、ことルパン三世に限っては原作より心持ちシュッとしてカッコいいかもしれない。

ルパンがマリー・アントワネットの首飾りを盗もうとしたらタイムスリップして本物に出会ってしまうというオリジナルストーリー。華やかな宮廷の場面も楽しめて、ルパンのおかげで「悲劇の王妃」がハッピーになる結末もタカラヅカらしい。

2015年雪組　脚本・演出／小柳奈穂子

日本・台湾の奇跡のコラボ作品をタカラヅカで

Thunderbolt Fantasy 東離劍遊紀

台湾の伝統的な人形劇『霹靂《へきれき》布《ほ》袋劇《ていげき》』の制作会社と、日本のクリエイターの合作による全く新しい映像作品が原作。演出家・小柳奈穂子がこれに着目し舞台化、台湾公演で上演された。知性と弁舌で敵を打ち負かす謎の美丈夫・凜雪鴉は紅ゆずるそのもの。台湾のファンも原作ファンも、人形に魂が吹き込まれたかのようなキャストたちの熱演の虜に。

2018年星組　脚本・演出／小柳奈穂子

MORE TAKARAZUKA!

タカラヅカ流2.5次元舞台の難しさ

『戦国BASARA』の場合

「タカラヅカファンの要望」を考慮して、幸村と恋に落ちる「いのり」というオリジナルキャラクターが設定されたが、「原作ファンの要望」とは相容れないことに…。

2013年花組　脚本・演出／鈴木圭

上杉謙信

「軍神」と
恐れられる麗人

わたくしの
うつくしきつるぎ…

かすが

謙信に心酔するくノ一

真田幸村

武田信玄に仕える熱き闘将。武器は二本槍

いのり
（オリジナルキャラクター）

幸村に想いを寄せるが、正体は織田の忍び

タカラヅカにおける漫画やアニメ、ゲームを原作とした舞台は、狭義の「2.5次元舞台（原作を忠実に表現することが最優先にされた舞台のみを「2.5次元舞台」とする）」には含まれないという考え方もある。あくまでタカラヅカの様式にそった形で舞台化されてしまうからだ。

原作ファン・タカラヅカファン・そして修学旅行などの団体客、三者の要望（原作の尊重・夢とロマン・わかりやすさ）を同時に満たさなければならないのが、タカラヅカ流2.5次元舞台の難しさである。だが、それがうまく実現したとき観客層は大きく広がることとなる。

COLUMN

タカラヅカで学ぶ世界史

「フランス革命に詳しい」というのは代表的な「ヅカファンあるある」だ。もちろんこれは『ベルサイユのばら』（70頁）の影響。だが2008年に『THE SCARLET PIMPERNEL』（76頁）が大ヒットして以来、タカラヅカファンはフランス革命その後のいわゆる「恐怖政治」の時代にも詳しくなった。鬼の革命家ロベスピエールはタカラヅカ作品内でもどんどん出世し、2017〜2018年雪組『ひかりふる路』ではついに主人公の地位を射止めてしまった。

「ハプスブルク家に詳しい」これまたよく言われる「ヅカファンあるある」だ。こちらはミュージカル『エリザベート』（72頁）の影響。タカラヅカファンの間では日本の歴代の為政者の誰よりも皇后エリザベートや皇帝フランツ・ヨーゼフのことが身近な存在になっているのは、考えてみれば不思議な現象だ。

このように世界各国の歴史を学べることはタカラヅカ観劇の大きな副産物である。ただしタカラヅカの舞台に登場する時代には偏りがあるので受験生の皆さんは注意が必要だ。フランス革命とハプスブルク帝国関連の他、第二次世界大戦前夜のヨーロッパ、世界恐慌前のアメリカ（いわゆる「狂騒の20年代」）、ロシア革命の時代などがよく舞台になる。

やはり歴史の転換期にドラマあり、なのだ。実在の人物がタカラヅカ流にどうアレンジされるのかも興味深いが、群衆芝居も見どころのひとつ。人海戦術による革命や戦闘のシーンは迫力満点。その意味でも歴史ドラマはタカラヅカに相応しい。

もっとも、100年の歴史を遡ってみると史実に基づいた作品が増えたのは「ベルばら」以降だ。それ以前はおとぎ話的な作品も多かった。タカラヅカは「夢の世界の衣をまとって人間の真実を描く」手法を「ベルばら」の頃に獲得したのである。

オーストリア皇后
エリザベート

フランス王妃
マリー・
アントワネット

第4章

タカラヅカファンの生き様

タカラヅカ・ワールドを支える最大かつ最強の存在、それはファン。この章ではタカラヅカファンの熱く愉快でたくましい姿をご紹介。「あのキャラクター」たちが、よくある疑問にお答えします。

Q1 どうして女性が女性を好きになるの？

『ベルサイユのばら』（70頁）より
オスカル・フランソワ・ド・ジャルジェ先生

A

見返りが欲しいのではない。
その生き様を見届けたいのだ

ファンはご贔屓《ひいき》の男役スターに対し、「1．理想の彼氏」として恋をし、「2．同じ女性として」憧れ、「3．舞台人として」の芸を愛でている。イケメン男優に対して2は持てないし、女性タレントに対して1は持てない。したがってタカラヅカの男役は「一粒、いや一人で三度美味しい」最強の存在なのである。

男役に抱く3つの想い

理想の彼氏として恋をする

ベルナールも
好きだけど、やっぱり
オスカル様が♡

→左頁上

女性としての憧れを見出す

同じ女性として
本当に尊敬できる方！
私も見習って
強く生きていこう

→左頁中央

舞台人として尊敬している

立派な働きぶりに、
わたくしは本当に
感謝しているのです

→左頁下

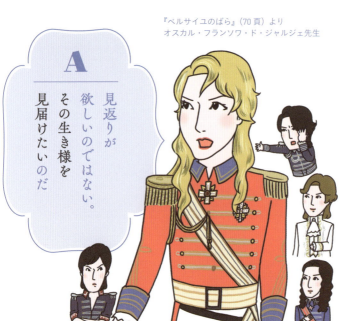

男役・3つの魅力成分

どの男役スターも「理想の彼氏」「憧れの女性」「究極の舞台人」の3つの魅力を兼ね備えているが、その割合は人それぞれ。それが男役の個性にもつながっている。

「理想の彼氏」成分多めのスター

タカラヅカの舞台に登場する二枚目は女性にとっての究極の理想を体現しているわけだから、彼氏としてこれ以上の存在はない。しかもリアルな男性ではないから決して過ちを犯す危険もない。女性はどこかでそれをわかっている。安心安全のバーチャル彼氏である。

「憧れの女性」成分多めのスター

その素顔はスタイリッシュなハンサムウーマン。じつは宴会芸の達人だったりお料理上手だったりすると完全にギャップ萌えである。どんなに忙しくても常に笑顔で舞台に全力投球、その健気な姿を見れば、嫌な上司のことも煩わしい家事のことも忘れて「私も頑張ろう」と思うことができるのだ。

「究極の舞台人」成分多めのスター

もちろん舞台人としても素晴らしい存在。上演作品が多彩なだけに、愛でる要素もさまざまだ。耳福な歌声、目を釘付けにするダンスから、当意即妙なアドリブ力、芝居を締めるいぶし銀的名演技、力強いリフト技に到るまで、ファンが堕ちるきっかけはいたるところに仕掛けられている。

Q2 どうやって好きなスターを見つけるの？

A

恋は「するもの」？
「されるもの」？
いや、「してしまうもの」
なのだよ。

『新源氏物語』（95頁）
より光源氏先生

「その日」は突然やって来る。ご贔屓スターとの運命の出会い、それは「恋に落ちる」瞬間に似ている。恋の仕方が十人十色であるのと同様、ご贔屓スターへの想いも人それぞれ。だが、タカラヅカ的「恋多き女」になるための努力は可能だ。「運命の出会い」を引き寄せるべく、恋の上級者は下級生チェックに余念がない。

ご贔屓スターの応援の仕方3タイプ

紫の上のように
成長過程を楽しむ

下級生の頃から
応援してきたあの人が
スターになって
いくのが誇らしい

藤壺のような
永遠の憧れ

あの方こそが
私にとっての理想！
完璧な存在！！
もはや神！！！

明石の上のように
距離はあっても
必要な存在

なかなか会えなくても、
応援する気持ちは
揺らがない

スター候補生の見分け方

「思わず目に入ってきてしまう」のがスターの証。その輝きが観客の目に留まりやすいよう、タカラヅカの舞台には様々な仕掛けが施されている。

お芝居編

主人公の「影」(たとえ姿がはっきり見えなくてもスター候補生がやる)

号外を売る人、伝令として走って来る人

主人公の子ども時代をやる人

ショー編

トップスターの斜め後ろで踊っている人(目に入りがちな位置)

10人前後のダンスシーンの後列の両端にいる人

パレード(31頁)のダブルトリオの中にもスター候補生がいる

タカラヅカファン・恋と愛の無限ループ

ご贔屓スターの退団、それは「恋の終わり」だ。その後しばらくは穏やかにタカラヅカを楽しむ「愛」の期間が続く。だが「もう二度と恋はしない」という殊勝な誓いもつかの間、新たな出会いは必ず訪れる。そして再び「恋」に夢中になるのだった(文頭に戻る)。

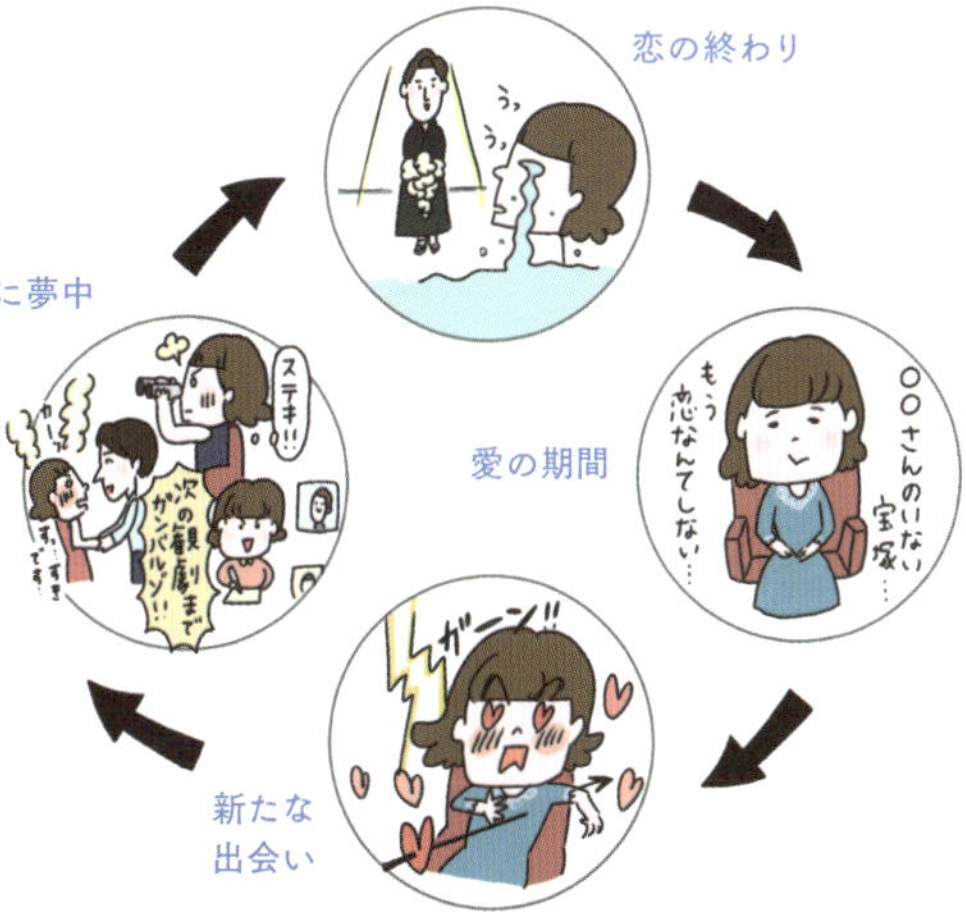

Q3 男性ファンの楽しみ方は？

A
最近は「ヅカ男子」も増えていますよ！
新たな世界が広がるのは楽しいものです。

『カンパニー』(99頁)より
青柳誠二先生

タカラヅカは最初から女性のものだったわけではない。創設期には男性ファンが多く、娘役が人気だった。今は客席における男性の割合はだいたい10人に1人ぐらい。だが、妻や彼女に誘われたからでなく自主的に観る「ヅカ男子」は増えている。男性だからトクすることもあるし、気軽に劇場に足を運んでみよう。

男性ファン3タイプ

娘役に憧れるタイプ

野に咲く花のような彼女を、影ながら支えてあげたい

男役に憧れるタイプ

男だろうが女だろうが、とにかく美しいものは正義！

タカラヅカワールドを愛するタイプ

夢の世界に浸っている間は、仕事で嫌なことも忘れるね

ヅカ男子7つのメリット

タカラヅカのおかげで仕事も家庭もさらに充実。

1 人脈が劇的に広がる

清く正しく美しいタカラヅカを愛する人に悪い人はいない。したがって互いに「タカラヅカが好き」とわかった瞬間に信頼関係が構築される。

2 家庭が円満に

妻や娘がタカラヅカファンだった場合、居心地は圧倒的に良くなる。そうでなくても、お互い「ハマる」ものがある方が夫婦関係もうまくいく。

3 右脳が活性化する

美の洪水を浴びれば、とかく左脳で考えすぎる男性にも論理を超えたひらめきが。アートの時代といわれる今まさに必要とされる刺激だ。

4 客席でモテる

少数派の男性は舞台上のタカラジェンヌからも注目される。ウインク攻撃してもらえる確率も高い。

5 客席以外でもモテる

「タカラヅカなんて女性が観るもの」という古い価値観に縛られていない男性は、女性からみても魅力的。婚活マーケットでの価値も急上昇だ。

6 トイレが空いている

だが油断してはいけない。最近は「男子トイレに列ができていた」との目撃情報もある。

7 とにかく元気になれる！

仕事に疲れたときは「観ると必ず元気になれる」タカラヅカでエネルギーチャージを！

Q4 私設ファンクラブとは何か？

タカラヅカにはスターの公的なファンクラブは存在しない。なぜならタカラジェンヌはタレントではなく、あくまで「生徒」だからだ。でも、応援する側は何かしてあげたいと思うもの。そんなファンの自主的な集まりが進化したのが現在の私設ファンクラブだ。今ではスターを支えるため、様々な役割を果たしている。

A

タカラヅカファンの愛が支える組織だよ！

『CASANOVA』
（2019年花組　作・演出／生田大和
作曲／ドーヴ・アチア）より
ジャコモ・カサノヴァ先生

ファンクラブ入るかどうかは人それぞれ

入って全力で活動！

みんなで憧れの
あの人を
応援するのって
楽しい！

入らない

私は、私のやり方で
愛を示すのよ

目的を持って入る

入り待ちは
しないけれど、
お茶会に
参加したいから入るわ

私設ファンクラブに入会するメリット

ご贔屓スターがより身近に
感じられるのが嬉しい。

チケットの取次が
受けられる

入り待ち・出待ちの
「ガード」(124頁)に
参加できる

お茶会(126頁)ほか
各種イベントに
参加できる

同じスターを
応援する友だちの
輪が広がる！

入会したいと思ったら？

開演前の劇場入口に出ている私設ファンクラブの取次チケット受付で、あるいは、すでに入会している友人に頼んで申込書をもらおう

公式ファンクラブ「宝塚友の会」

劇団公式のファンクラブとしては「宝塚友の会」があり、タカラヅカファンを自認する人はほぼ全員入会している。年会費は2500円（WEB会員は1500円）。一番のメリットは抽選での先行販売でチケットを入手できることで、運が良ければSS席が当たることもある。ただし、会員サービスの利用頻度が高いほど当選確率が上がる「ステイタス制」が敷かれている。詳しくは公式サイトの「宝塚友の会」　のページ（http://kageki.hankyu.co.jp/friends/index.html）を熟読してみよう。

Q5 「入り待ち・出待ち」とは何か？

A

生徒さんたちを守るために、進化した形態なのです！

『BADDY』（98頁）よりグッディ先生

「入り待ち」とは楽屋入りするスターを待つこと、「出待ち」は終演後に楽屋から出てくるスターを待つことで、舞台上とは違う素顔を垣間見ることができる。

整然と並ぶ光景が知られるが、元々はスターに対する危険行為を防ぐために始まったもの。「ベルばらブーム」以降、次第に整備されルール化されていった。

「入り待ち・出待ち」こんな人はダメダメ！

路上サインや握手を求めてはダメ！

むやみに触ってはダメ！むやみじゃなくてもダメ

カメラを持って追いかけてはダメ！フラッシュもダメ！

徹底図解！　入り待ち・出待ち

赤色部分がファンクラブの「ガード」の人たち。一般の人は青色部分で入り待ち・出待ちができる。

東京

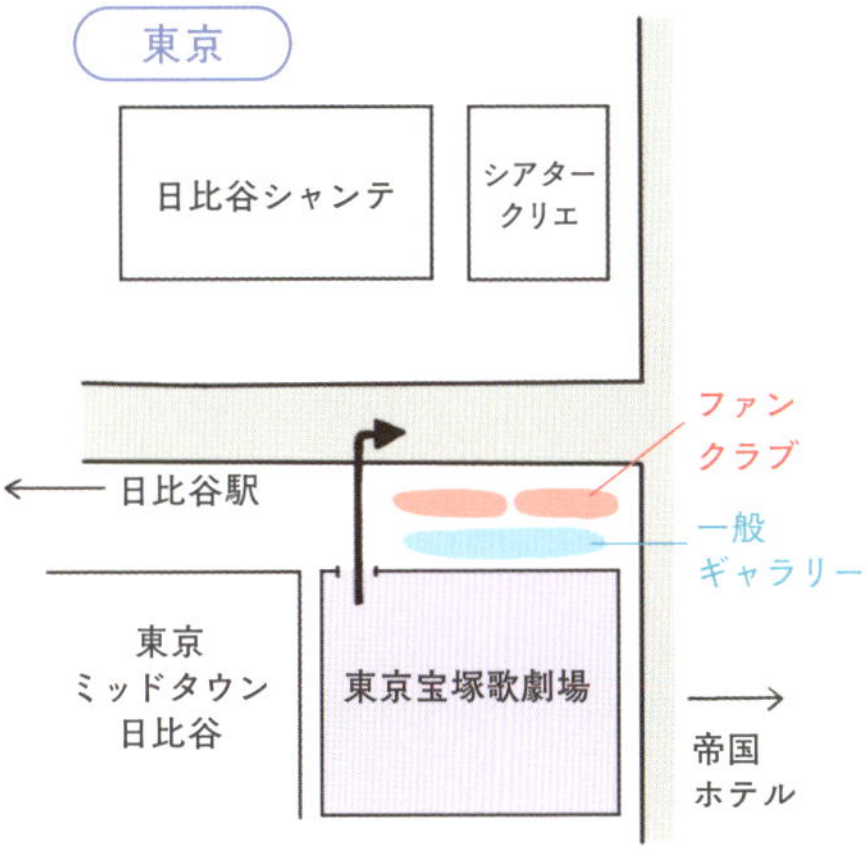

宝塚

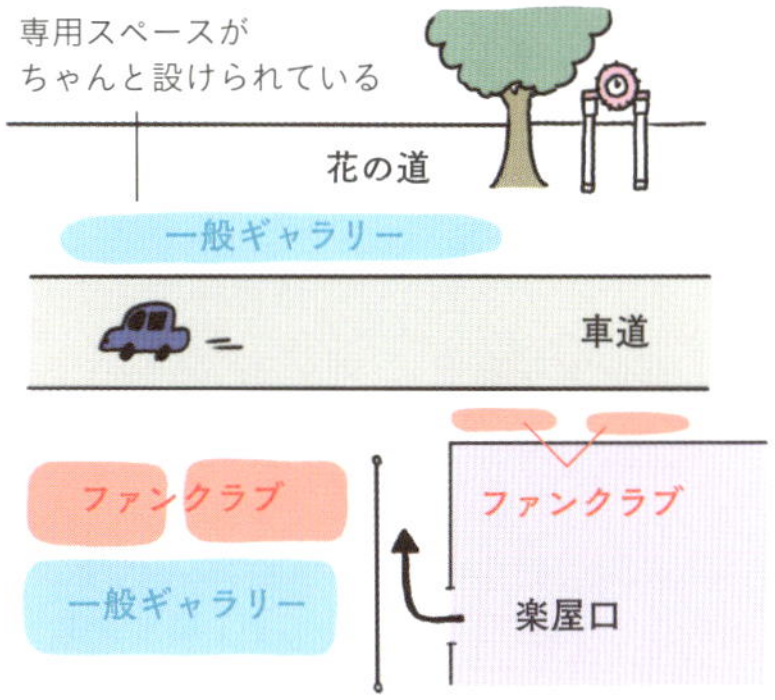

ルール

「ガード」の人たちは手紙を直接渡せる。

「ガード」以外の人たちは写真を撮れる。ただしノーフラッシュで。また、周囲の迷惑にならないよう配慮しよう。

時間

楽屋入りは開演の2〜3時間前ぐらい、楽屋出は終演の1〜2時間後ぐらい。お稽古や取材などのある日は楽屋入りがもっと早くなったり、楽屋出が遅くなったりする。

ガードの人たち

タカラジェンヌが来るとしゃがんでくれる

ファンクラブごとにおそろいのものを身につけている

タカラヅカファンのお手紙文化

　タカラヅカファンは、ちょっと気になるスターを見つけたらファンレターを書いたり、応援しているスターに観劇のたびに感想を書き送ったり、とにかく筆まめだ。受け取った側も必ず目を通し、演じるときの参考にする。この時代にあえてのアナログなお手紙文化のおかげで、タカラヅカの舞台は日々進化していく。

ファンレターは劇団宛に出すことができる。詳しくは公式サイトの「よくあるご質問／出演者に関するご質問」を参照

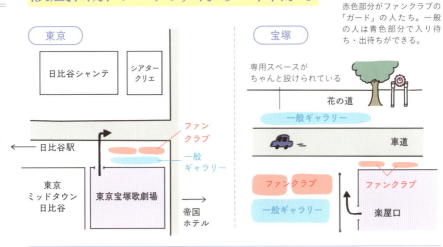

Q6 お茶会とは何か？

『1789』（75頁）より
マリー・アントワネット先生

A

いわゆる「ファンミーティング」のことね。舞台を降りたスターとファンが交流を楽しむ場よ

タカラジェンヌの「お茶会」はファンクラブが自主的に開催するイベントだ。トップスタークラスのお茶会となると１０００人を超える大規模なものになるが、これを仕切る手際の良さはイベント会社も真っ青だ。いっぽう下級生などのお茶会には少人数でアットホームなものもあり、スターと密に触れ合えて楽しい。

お茶会に何を求める？

スターを拝みたい

輝いているあの方の姿を、直接この目で見たいのです

スターの話を聴きたい

舞台にかける想いを、あの人の言葉で聴きたいんだ

スターと握手したりお話したい

あの方の手を取りお話できる、これ以上の喜びはありません

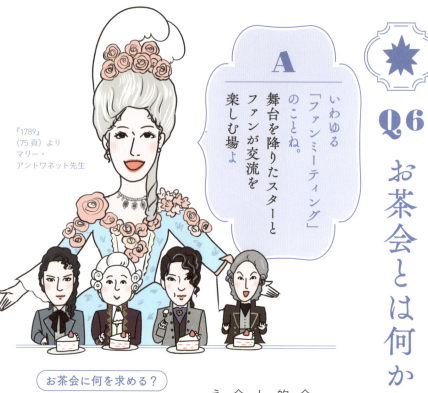

お茶会、8つのときめきポイント

1 近くまで来てくれる！

2 公演の話

役作りのこだわりを聞いて見どころがさらに増える。

3 オフの話

意外な素顔やユーモアセンス、頭の良さにきゅん！

4 他のスターとのエピソードにもときめく

5 ゲームに全力投球している姿が可愛い！

6 握手したりお話しできたりするのが嬉しい

7 時にはツーショットも！！

笑顔は必ずこわばる。顔の大きさが違いすぎるので遠近法を活用して1メートル以上後ろに立ちたくなる。

8 グッズ販売

お茶会でしか売っていないオリジナルグッズも！

お茶会に参加したいと思ったら？

基本的にファンクラブ会員向けのイベントだが、「会員の友人」も参加できるのでファンクラブに入っている人に一緒に申し込んでもらおう。

Q7 なぜ同じ作品を何度も見るの？

A

それは我らが同じ時、同じ空間を共有する「同志」だからだ！

『エリザベート』（72頁）より
トート先生

ファンにとってタカラヅカは消費の対象ではない、「わがこと」だ。受け身で舞台を鑑賞するだけではない、タカラヅカ・ワールドの一員として主体的に関わっている。そして、初日から千秋楽まで共に走り、一緒に作品を創り上げているという意識が強い。だから、まるで会社に「通う」がごとく、劇場に「通う」のだ。

何度も観る理由

あちこちに見どころがある

キッチュな
見どころを見逃すなよ。
番狂わせも面白い！

→左頁上

進化や成長を見届けたいから

僕は作品の進化や
スターの成長を
見守りたいんだ

→左頁中央

ご贔屓スターととにかく一緒にいたい

私たちはいつも一緒。
一つのボートで
千秋楽まで共に進もう

→左頁下

何度も観る3つの理由解説

いつ観ても、どこを観ても新鮮な驚きがある、それがタカラヅカの舞台

❶ 舞台のあちこちに見どころがあり過ぎるから

生の舞台は空気も出演者一人ひとりのお芝居も毎回違う。時にはハプニングもあるし、アドリブは全公演制覇したくなる。スターの一挙一動を堪能できる前方席と舞台全体が見渡せる後方席、上から見下ろす2階席でも見えるものが違う。舞台上のあらゆるところが「神は細部に宿る」精神で作り込まれているため、何度見ても飽きることはない。

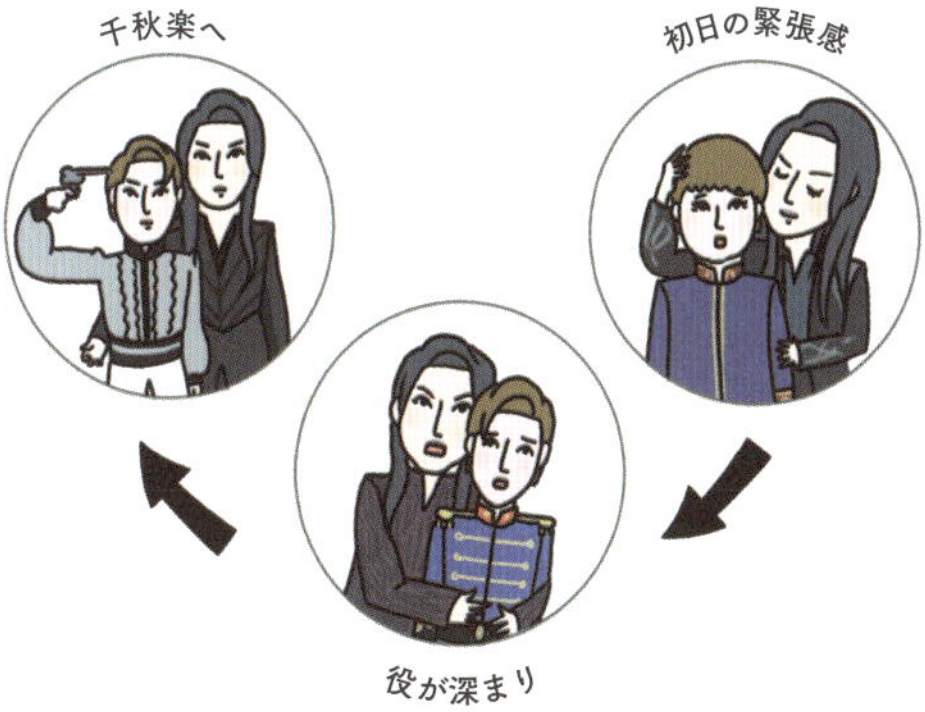

❷ 進化や成長を見守りたいから

タカラヅカは「育てゲー」、それは毎回の公演でも同じだ。少々あたふたする初日から、回を重ねるごとに作品として熟成していき、そして全てを出し切る千秋楽の潔さ。ご贔屓スターのお芝居だって変わっていく。その進化の過程を見届けたいのがタカラヅカファンの性。それに、気になる下級生チェックに集中する回だって欲しいのだ。

❸ とにかく一緒にいたいから！

何度も観る理由をひとことで言うならそういうことだ。「大好きな人と一緒にいたい」、その気持ちに余計な説明は不要だろう。

COLUMN

誰のためのタカラヅカ？

タカラヅカといえば熱心なファンの多さでも有名だが、そうでない人は少し入りづらいと思われがちな世界でもある。

だが、当の劇団はというと流行りの「顧客囲い込み」戦略でコアな市場を深堀りしようとはあまり考えていないように見える。ファンとしてはもっと囲い込まれて美味しい思いをしたいのだが（笑）。とはいえ現実問題として東西2000席を超える大劇場を常に稼働させていくためには、コアなヅカファンだけを相手にしていたのではやっていけないだろう。

タカラヅカが大衆性を維持する姿勢を貫いてきている根底には、小林一三《いちぞう》が生涯をかけて追い求めた「国民劇」構想がある。つまり、もともとタカラヅカは初心者大歓迎なのである。そのために作られたのが宝塚大劇場だったのだ。

一三理想の「国民劇」とはどのようなものだったのだろう？『宝塚歌劇四十年史』のまえがきによると、「私は結局、歌とセリフと舞を、巧に組合せて、しかも、何時も新時代感覚を織込んで、観客が乗出して歓迎する歌舞伎、即ち、それが新国民劇だと言い得るものと考えている」。

要するに「歌ありダンスありで、観客が大喜びする今風のお芝居」である。それはまさにミュージカル？……少なくとも上演作品の内容については一三の理想は実現しているといえそうだ。

一三は、誰もが気軽に観ることができる「国民劇」が創成されることが、日本が文化国家として成熟し、西欧列強と伍していくために必要不可欠だと考えていた。だが、もはや今の時代そんなことを言われてもピンとこないし、人々の嗜好が多様化した今は「国民劇」など成立不可能かもしれない。東西に大劇場を持つタカラヅカは今後難しい舵取りを求められるかもしれない。

そんな時代でもタカラヅカファンは周りへの広報宣伝活動に熱心だ。一三の「国民劇」DNAがファンにまで受け継がれているのかも？

第5章

タカラヅカの歴史

100年の歴史を持つタカラヅカ。それは決して平坦な道のりではありませんでした。その歩みを世の中、そして演劇の世界の流れと並行させながら振り返ります。客席の変化にも注目ですよ。

1914年公演『ドンブラコ』

客席のファンたちも、タカラヅカの歴史とともに歳を重ねていきます。ご注目ください

創成期

タカラヅカの第1回公演は1914年4月1日に、17人の少女たちによって行われた。

阪急電鉄の創業者・小林一三は鉄道の乗客を増やす狙いから、阪急宝塚線の終点に当たる宝塚に家族そろって出かけられる温泉場を開設した。ところが、そこに温水プールを作ろうという試みが、お湯が出ないなどで大失敗に終わってしまった。第1回公演は、この跡地を活用して作られた劇場で幕を開けたのだ。

演目は、お伽歌劇『ドンブラコ』、喜歌劇『浮れ達磨』、ダンス『胡蝶』の三本立て。うち『ドンブラコ』は昔話の「桃太郎」を題材として日本人が作曲した歌劇だった。今の感覚だと学芸会風に見えるが、当時としては挑戦的な演目だった。そこには「これからは洋楽を使った『歌劇』の時代である」という一三の目論見もあった。

1918年には早くも東京進出。そして、1924年には収容人数4000(当時)の宝塚大劇場もオープンしたのだった。

5 創成期

● タカラヅカの出来事　● 演劇界の出来事　● 世の中の出来事

小林一三と阪急電車

1907	小林一三が 「箕《み》面《のお》有《あり》馬《ま》電《でん》気《き》軌《き》道《どう》(後の阪急電鉄)」を創業 ブロードウェイでレビュー 『ジーグフェルド・フォリーズ』はじまる(～31)
1911	帝国劇場完成／文部省「尋常小学唱歌」を刊行
1912	帝劇で創作歌劇『熊《ゆ》野《や》』上演されるが不評(だが、小林一三は これを観て「これからは歌劇の時代だ!」と閃いた)
1914	宝塚少女歌劇養成会、第1回記念公演(4月1日) 第一次世界大戦がはじまる
1917	ロシア革命、 ニコライ2世一家は殺害される
1918	浅草オペラブーム起こる 帝国劇場にて第1回東京公演／雑誌『歌劇』創刊
1919	パリ講和会議でヴェルサイユ条約が調印 ドイツに巨額の賠償金と軍備制限
1921	花組、月組が誕生
1923	関東大震災
1924	雪組誕生／宝塚大劇場完成

『歌劇』は
2018年に
創刊100周年

1921年頃、
袴の色が緑に
統一される

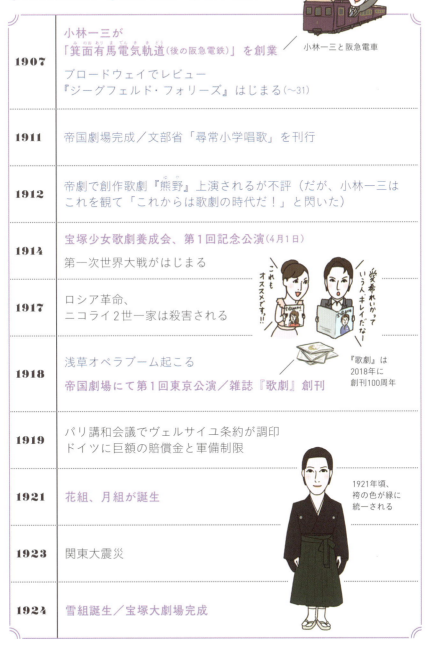

レビュー時代

1930年月組初演『パリゼット』

1927年、日本初のレビュー『モン・パリ』が上演される。作・演出はヨーロッパ帰りの岸田辰彌《たつや》だった。これまで見たこともないスペクタクルに観客は熱狂した。主題歌はラジオで全国に流れ、日本中で大流行したという。

続いて、同じくヨーロッパに遊学し、パリの生活文化を吸収した白井鐵造《てつぞう》が『パリゼット』（1930年）、『花詩集』（1933年）といったレビューのヒット作を連発。タカラヅカは「レビュー黄金時代」を迎えることになる。

ラインダンス、豪華な羽根、大階段や銀橋などの独自の舞台機構もこの頃に始まった。この時期にタカラヅカ・レビューの原型が形作られたといってよいだろう。男役の人気が急上昇し、女性ファンが増えたのもこの時代である。

だからといってタカラヅカはパリ仕込みのレビューばかりを上演していたわけでもなかった。アメリカ風のショー、オペレッタ、そして日本物など、多様な作品への挑戦が続けられる。

レビュー時代

● タカラヅカの出来事　● 演劇界の出来事　● 世の中の出来事

1920
アメリカで禁酒法が施行（狂騒の20年代）

1925年
『グレート・ギャツビー』
アメリカで出版

1925
日本でラジオ放送が開始される

1927
日本初のレビュー『モン・パリ』初演
ブロードウェイで初の本格的なストーリーのある
ミュージカル『ショー・ボート』初演

『モン・パリ』の
汽車のダンス

1929
「エロ・グロ・ナンセンス」蔓延、浅草レビューが人気に
10月24日、NY株式市場で株価大暴落、世界恐慌はじまる

1930
レビュー『パリゼット』初演
SKDの水《みず》の江瀧子《えたきこ》が日本で初めて断髪、
「ターキーブーム」起こる

1931
日本初の本格トーキー映画『マダムと女房』封切り
満州事変

1932
五・一五事件、犬養毅首相が射殺される

1933
星組誕生、レビュー『花詩集』初演

1934
東京宝塚劇場完成

1936
『宝塚グラフ』創刊
二・二六事件

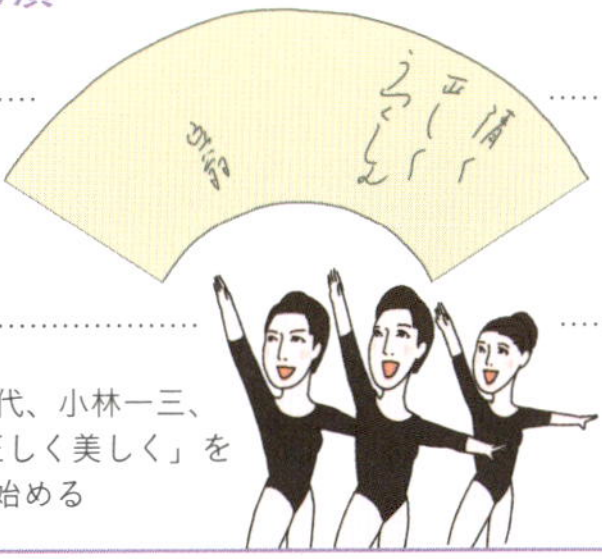

1930年代、小林一三、
「清く正しく美しく」を
提唱し始める

1944年雪組公演『翼の決戦』

戦争とタカラヅカ

太平洋戦争は、タカラヅカにも暗い影を落とした。「レビュー」という横文字の使用が禁じられ、国策に沿った戦意高揚ものの上演が増えていく。それでも劇場での公演が続けられるうちは良かったが、１９４４年３月、宝塚大劇場および東京宝塚劇場の閉鎖命令が下される。

この時に宝塚大劇場で上演されていたのは『翼の決戦』、特攻隊として飛び立っていく主人公を演じたのが春日野八千代《かすがのやちよ》だった。最後の舞台を一目見ようと押し寄せた人々で劇場前には長蛇の列ができたという。

１９４５年８月に太平洋戦争は終結。その８カ月後の１９４６年４月、宝塚大劇場での公演が再開される。演目は『カルメン』『春のをどり―愛の夢―』だ。

１９５１年には春日野八千代主演による一本立ての大作『虞美人《ぐびじん》』が大ヒットし、タカラヅカは見事に復活を遂げた。米軍に接収され「アーニー・パイル劇場」と名を変えていた東京宝塚劇場が返還されたのは１９５５年のことである。

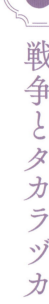

5 戦争とタカラヅカ

● タカラヅカの出来事　● 演劇界の出来事　● 世の中の出来事

1937	盧《ろ》溝《こう》橋《きょう》事件発生、日中戦争へ
1938	初の海外公演「日独伊親善芸術使節団」
1939	ハリウッドのミュージカル映画、ロジャース＆アステアの黄金時代（1933〜39） 映画『風と共に去りぬ』封切り ドイツがポーランドに侵攻、第二次世界大戦がはじまる
1940	『宝塚グラフ』『歌劇』が自主廃刊
1941	真珠湾攻撃、太平洋戦争はじまる
1943	ブロードウェイで『オクラホマ！』初演
1944	宝塚大劇場、東京宝塚劇場が閉鎖（3月）
1945	終戦 「宝塚歌劇男子部」発足、第1期生入団
1946	宝塚大劇場公演再開（4月）
1950	朝鮮戦争はじまる
1951	グランド・レビュー『虞美人』初演 帝劇ミュージカルス『モルガンお雪』上演 サンフランシスコ平和条約・日米安全保障条約が調印

スカーレット・オハラ（左）とレット・バトラー（右）

マッカーサー（左）と白洲次郎（右）

1952年、ミュージカル映画『雨に唄えば』封切り

1963年月組初演『霧深きエルベのほとり』

高度経済成長期

日本が高度経済成長期を迎えると、生活は豊かになり娯楽が増えた。映画が全盛期を迎え、家庭にテレビが普及していった。そんな1950～60年代は、タカラヅカにとっては暗中模索の時代だった。

だが、来たるべきミュージカル時代に向けてのスタートは早かった。この時期からオリジナルミュージカルが演目の大きな柱の一つとなっていく。とくに、男女の純愛を描いた菊田一夫のミュージカル・ロマンスは観客の心をときめかせた。

1967年にはタカラヅカでも初の海外ミュージカル『オクラホマ！』が上演。68年『ウエストサイド物語』、69年『回転木馬』と果敢な挑戦が続く。

この時代は郷土芸能研究会による「日本民俗舞踊シリーズ」や、「宝塚義太夫歌舞伎研究会」などのユニークな取り組みも行われている。『シャンゴ』のような斬新なショーも作られていった。こうした試行錯誤が70年代以降に花開き、「ベルばらブーム」へと繋がっていくのだ。

高度経済成長期

● タカラヅカの出来事　● 演劇界の出来事　● 世の中の出来事

1955年、八《や》千《ち》草《ぐさ》薫《かおる》出演の映画
『蝶々夫人』封切り

1955	東京宝塚劇場が返還される
1956	ブロードウェイで『マイ・フェア・レディ』初演
1957	ブロードウェイで『ウエスト・サイド・ストーリー』初演
1960	グランドショー『華麗なる千拍子』が大ヒット カラーテレビの本放送が始まる
1961	日本民俗舞踊シリーズ『火の島』が 芸術祭賞など3つの賞を受賞
1962	キューバ危機
1963	ミュージカル・ロマンス『霧深きエルベのほとり』初演 日本初のブロードウェイミュージカル 『マイ・フェア・レディ』が上演
1964	東京オリンピック
1965	北爆開始、ベトナム戦争が泥沼化
1967	宝塚初の海外ミュージカル『オクラホマ！』・ 伝説のショー『シャンゴ』上演 帝国劇場にて東宝ミュージカル 『屋根の上のヴァイオリン弾き』上演
1968	『ウエストサイド物語』タカラヅカが日本初上演
1969	東大、安田講堂に機動隊 小劇場運動盛り上がる

シャークスの有名な
ダンスシーン

『オクラホマ！』は
カウボーイと
農家の娘の恋物語

ベルばらブーム

1974年月組初演『ベルサイユのばら』

苦しい状況に風穴を開けたのが、人気の劇画を舞台化し、1974年に初演された『ベルサイユのばら』である。女性ながらも軍人として生き、フランス革命に身を投じていくオスカルはタカラヅカの男役にぴったりの役柄で人気沸騰。4組で続演され、「ベルばらブーム」を巻き起こす。1977年には『風と共に去りぬ』も初演されに。

一本立ての大作のヒットが続くかたわらで1976年には『あかねさす紫の花』『星影の人』『バレンシアの熱い花』と、柴田侑宏《ゆきひろ》の名作が3本も初演されている。トップスター制度や「タカラヅカ様式」ともいうべき作劇法が確立したのはこの時期だ。そして、今なお再演されるオリジナルの名作が数多く生み出された時代でもある。

80年代半ばには海外ミュージカルの上演も増えていく。帝劇で『レ・ミゼラブル』が初演された1987年には『ME AND MY GIRL』が大成功。エリザベート降臨への足がかりが着々と作られていった。

ベルばらブーム

● タカラヅカの出来事　● 演劇界の出来事　● 世の中の出来事

1971年、真帆志ぶき主演
『ノバ・ボサ・ノバ』初演

1970	大阪で日本万国博覧会が開催
1973	劇団四季『ジーザス・クライスト・スーパースター』上演 第4次中東戦争、石油ショック
1974	『ベルサイユのばら』空前の大ヒット
1976	『あかねさす紫の花』『星影の人』『バレンシアの熱い花』初演
1977	『風と共に去りぬ』初演
1978	宝塚バウホール完成
1983	劇団四季、キャッツ・シアターにて『キャッツ』を初演
1985	男女雇用機会均等法の成立
1987	『ME AND MY GIRL』初演 『レ・ミゼラブル』日本初演
1989	『ベルサイユのばら』再演、「平成のベルばらブーム」 ベルリンの壁が壊される、翌年に東西ドイツ統一
1991	バブル崩壊
1992	旧・宝塚大劇場が68年の歴史に幕

「ベルばら」と
同時期の名作
『星影の人』
主人公
沖田総司

主人公のビル(左)とサリー(右)

エリザベート降臨

1996年雪組初演『エリザベート —愛と死の輪舞《ロンド》—』

1995年1月17日の阪神淡路大震災はタカラヅカにも大打撃を与えた。だが、同年3月31日には早くも公演を再開した。

翌96年にはハプスブルク帝国の皇妃の生涯を描いた『エリザベート』が大ヒットする。ウィーン発のミュージカルを小池修一郎がタカラヅカ風に潤色・演出。全編が難易度の高い楽曲で綴られていたが、初演の雪組は見事にこの壁を乗り越え、「ベルばら」に続く新たな代表作が加わった。

タカラヅカは『エリザベート』で本格ミュージカル劇団としての地位を確立したといえるだろう。2010年に星組が初演したフレンチ・ミュージカル『ロミオとジュリエット』も大きな話題を呼んだ。最近は漫画やアニメ、ゲームを題材とする「2・5次元舞台」が注目を集めているが、このジャンルの作品も増えている。

2014年には100周年を迎えたタカラヅカ。変わりゆく時代の中で、また新たなステージに入りつつあるようだ。

エリザベート降臨

● タカラヅカの出来事　● 演劇界の出来事　● 世の中の出来事

1993	新・宝塚大劇場オープン
1995	劇団四季がディズニーミュージカル『美女と野獣』上演 阪神淡路大震災
1996	『エリザベート』初演、 タカラヅカの新たな代表作に
1997	旧・東京宝塚劇場が建替えのため閉館に
1998	宙組誕生／宝塚1000days劇場での公演開始
2000	東宝ミュージカル『エリザベート』初演 「IT革命」流行語に、インターネット普及が加速
2001	新・東京宝塚劇場オープン 米国で同時多発テロ
2002	CS放送「タカラヅカ・スカイ・ステージ」開局
2003	2.5次元ミュージカル『テニスの王子様』(テニミュ) 1stシーズン始まる
2008	リーマンショック／iPhone3Gが日本で発売に
2009	タカラヅカでもゲームを題材とした舞台『逆転裁判』上演
2010	ミュージカル『ロミオとジュリエット』上演
2011	東日本大震災
2014	宝塚歌劇100周年

宙組として初の公演『シトラスの風』より「明日のエナジー」

通称「スカステ」

好評につき、三作目まで上演された

COLUMN

タカラヅカの世界戦略

1927年の日本初のレビュー『モン・パリ』はヨーロッパに遊学した岸田辰《たつ》彌《や》が当時パリで流行っていたレビューを模した作品であったし、『パリゼット』や『花詩集』などをつくってタカラヅカの「レビューの王様」と呼ばれた白井鐵《てつ》造《ぞう》は1920年代後半のブロードウェイで『ジーグフェルド・フォリーズ』や『ショー・ボート』といった話題作を生で観て、その後の作品にも活かしている。タカラヅカはその昔から世界に目を向け、最新のトレンドをいち早く取り入れる劇団だった。

したがって海外公演も早くから試みている。初の海外公演は1938年のヨーロッパ公演で、このときドイツ・ベルリンではナチスによる「水晶の夜」事件にも遭遇している。

戦後はビルマ（現ミャンマー）・マレーシア・シンガポール（1973年・82年）、今はなきソ連（1975〜76年）、メキシコ・アルゼンチン・ブラジル（1978年）といった国での公演実績もある。まだ海外旅行など気軽に行ける時代ではなかっただけにアクシデントが続出だったようだ。それでも明るくやり抜いたタカラジェンヌはやっぱり逞しい。

90年代以降はアジア圏での公演が多く、1998年には香港、1999年・2002年には中国、2005年には韓国、そして2013年・15年・18年には台湾公演が行われた。今や台湾では毎公演ごとにライブビューイングが行われ、チケットは即日完売するほどのタカラヅカ人気である。

筆者も韓国公演と台湾公演には足を運んだが、ファンの熱狂は日本と変わらない。それどころか客席の盛り上がりは日本以上で、タカラヅカへの愛は国境を越えることを実感したのだった。

さてこれからのタカラヅカの世界戦略や如何に？　アジア圏でもっとメジャーになって欲しいと思ういっぽうで、いつかミュージカルの本場ブロードウェイやロンドンで勝負して欲しいという気もする。

台湾公演では
スターが中国語で
客席と交流した

29頁の答え

❶『ロミオとジュリエット』❷『霧深きエルベのほとり』❸『めぐり会いは再び』❹『激情』❺『金色の砂漠』❻『琥珀色の雨にぬれて』❼『エリザベート』❽『天は赤い河のほとり』❾『オーシャンズ11』

それは女の戦いの歴史だった

なぜタカラヅカは100年続いたのか？　それはひとことでいうと、常に挑戦の姿勢を失わなかったからではないかと思っている。

そもそも創立の経緯からしてそうだった。洋楽が流入し「和製オペラ」が模索されていた時代に小林一三が思いついたのが「少女歌劇」の上演だった。そして、1927年の日本初のレビュー『モン・パリ』はレビュー時代のさきがけとなる。このとき年間予算分もの制作費がかかることに対し、一三は「良いものならやったらよいだろう」と言ってゴーサインを出したというエピソードも残っている。

そしてタカラヅカは華やかな「レビュー時代」を迎えるわけだが、レビュー劇団の看板に頼り続けはしなかった。戦後はミュージカル時代に向けてもいち早くスタートを切っている。この時代の試行錯誤が「ベルばらブーム」を爆発させ、現在のミュージカル劇団としてのタカラヅカを築いたのである。

タカラヅカ100年の歴史、それは伝統と挑戦の相克の歴史であったといっていい。その積み重ねの中でタカラヅカは、挑戦による先行投資こそが後々になって大きな果実をもたらすという勝ちパターンをいつしか学んでいった。

では何故タカラヅカは「伝統と挑戦の相克」の構図を保ち続けられたのだろう？　それを考えたとき浮かび上がってくるのが「女性だけの劇団」という特色である。タカラヅカは「しょせん女子どものやること」「女性だけで何ができる」と言われ続ける宿命を負っていた。そして、その言葉を受け入れて自分たちの限界を決めてしまうか、それとも壁を打ち破るかの選択を常に迫られてきたのだ。

その戦いは、早くも創立5年目あたりから始まっている。『ドンブラコ』からスタートし、少女たちの愛らしさで評判をとったタカラヅカだったが、公演を重ねるにつれ、お伽歌劇的なものだけを続ければいいという「現状維持説」と、もっと色々な演目に挑戦していくべきだという「現状打破説」の対立が生まれ、大議論が起こったのである。

その後も基本的な構図は同じだ。守りの姿勢でいくか、敢えて攻めの姿勢で「挑戦」するか。だが、タカラヅカは常に後者のイバラの道を選択してきた。

戦後、ミュージカルの時代を迎えてからはこの戦いはさらに激化する。タカラヅカ初の海外ミュージカル『オクラホマ！』（１９６７年）に対する観客の反応は賛否両論であり、「女性だけの劇団が本格的な海外ミュージカルを上演するのは難しい」という声も少なからずあった。しかし、その翌年タカラヅカが選んだ道は、さらに難易度の高い『ウエストサイド物語』への挑戦だった。

女性だけの舞台は不完全であるという声も長らくあった。舞台『宝塚ＢＯＹＳ』によってよく知られるようになった「男子部」ができたのは終戦直後の１９４５年末だが、じつはそれ以前にも男性加入の試みは繰り返し行われている。だが、いずれもファンの強い反対により頓挫した。その背後には歴代のタカラジェンヌのたゆまざる努力があったことはいうまでもない。

最終的に男性加入論が沈静化するのは１９７０年代、「ベルばらブーム」の頃だ。タカラジェンヌとファン、「女子のパワー」が男性加入論を打ち砕いた。そして、１９９６年『エリザベート』のような海外ミュージカルも女性だけで立派にやり遂げてみせた。

極論すれば、タカラヅカは女性だけの劇団であるというコンプレックスを「挑戦」の原動力としてきた劇団である。だが、もはやコンプレックスを持つ必要はなくなった。それどころか今や女性が演じる男役こそがタカラヅカ最大の売りである。「原動力」の元を失った今後、挑戦の姿勢をいかに保っていけるかが、タカラヅカ２００年の計となるだろう。

歴代スター一覧表　（2023年3月現在）

レジェンドたち

天津乙女《あまつおとめ》（8期）

日本舞踊を極めることに生涯を賭け「宝塚歌劇の至宝」と称された。代表作『鏡獅子』は計19回も上演。海外公演にも多数参加。生徒個人として初の紫綬褒章を受賞した。

春日野八千代《かすがのやちよ》（18期）

通称「白薔薇のプリンス」。タカラヅカ100年を代表するスターを一人挙げるならやはりこの方。その品格ある芸風は今なおタカラヅカの男役の手本である。

トップスター制度成立以前のスターたち

1930年代（レビュー時代）のスター		
小夜福子《さよふくこ》	11期	可愛い娘役から男役に転向。元祖フェアリー系男役といえばこの人
葦原邦子《あしはらくにこ》	18期	その男っぽい雰囲気から「アニキ」の愛称で親しまれ、力強い歌声でも観客を魅了
戦後のスター		
越路吹雪《こしじふぶき》（花組）	27期	「コーちゃん」の愛称で広く知られる、タカラヅカ史上屈指のショーストッパー
久慈《くじ》あさみ（月組）	29期	甘いマスクで数々の王子役を務めた月組のプリンス
南悠子《みなみゆうこ》（月組・星組）	29期	男役だったが娘役に転向。『虞美人』初演の虞妃はこの人
1950年代のスター		
故里明美《ふるさとあけみ》（月組）	29期	男役ながらヒロインとして春日野八千代の相手役もよく務めた
明石照子《あかしてるこ》（雪組）	31期	愛称テーリー。歌、踊り、芝居と三拍子そろった実力派で日本物にも定評
淀《よど》かほる（花組）	34期	男役ながらソプラノの美声の持ち主で、娘役も自在に演じた
寿美花代《すみはなよ》（星組）	35期	愛称マッちゃん。『華麗なる千拍子』のパイナップルの女王が話題に
1960年代のスター		
那智《なち》わたる（星組）	40期	愛称マル。そのアイドル的な風貌で爆発的人気を誇ったスター
内重《うちのえ》のぼる（月組）	41期	愛称サチ。当時としては珍しい少し影のある雰囲気が人気を呼んだ
真帆志《まほし》ぶき（雪組）	39期	愛称スータン。演出家・鴨川清作とのコンビで斬新なショー作品を生み出した実力派
1960年代後半〜70年代前半のスター		
甲《こう》にしき（花組）	46期	日本物が得意だった。現在は東京宝塚劇場の総支配人
上月晃《こうづきのぼる》（星組）	46期	愛称ゴンちゃん。抜群の歌唱力で若くして声楽専科に配属されたほど
古城都《こしろみやこ》（月組）	46期	『オクラホマ！』『ウエストサイド物語』などの海外ミュージカルを成功に導いた

花組トップスター＆トップ娘役一覧

トップスター

名前	期	入団	退団	退団公演
安《あん》奈《な》淳《じゅん》 ※1	51期	1965	1978	『風と共に去りぬ』
松《まつ》あきら	52期	1966	1982	『夜明けの序曲』
順《じゅん》みつき	54期	1968	1983	『霧深きエルベのほとり』『オペラ・トロピカル』
高汐《たかしお》巴《ともえ》	58期	1972	1987	『あの日薔薇一輪』『ザ・レビュースコープ』
大浦《おおうら》みずき	60期	1974	1991	『ヴェネチアの紋章』『ジャンクション24』
安寿《あんじゅ》ミラ	66期	1980	1995	『哀しみのコルドバ』『メガ・ヴィジョン』
真《ま》矢《や》みき	67期	1981	1998	『SPEAKEASY』『スナイパー』
愛《あい》華《か》みれ	71期	1985	2001	『ミケランジェロ ―神になろうとした男―』『VIVA!』
匠《たくみ》ひびき	73期	1987	2002	『琥珀色の雨にぬれて』『Cocktail』
春《はる》野《の》寿《す》美《み》礼《れ》	77期	1991	2007	『アデュー・マルセイユ』『ラブ・シンフォニー』
真《ま》飛《とぶ》聖《せい》	81期	1995	2011	『愛のプレリュード』『Le Paradis!!―聖なる時間―』
蘭寿《らんじゅ》とむ	82期	1996	2014	『ラスト・タイクーン ―ハリウッドの帝王、不滅の愛―』『TAKARAZUKA ∞ 夢眩』
明《あ》日《す》海《み》りお	89期	2003	2019	『A Fairy Tale ―青い薔薇の精―』『シャルム！』
柚《ゆず》香《か》光《れい》	95期	2009		

※1）1975～76年は榛名由梨とダブルトップ

トップ娘役

名前	期	入団	退団	退団公演
若葉《わかば》ひろみ	61期	1975	1985	『愛あればいのちは永遠に』
秋篠《あきしの》美《み》帆《ほ》	64期	1978	1987	『あの日薔薇一輪』『ザ・レビュースコープ』
ひびき美《み》都《と》	64期	1978	1991	『ヴェネチアの紋章』『ジャンクション24』
森奈《もりな》みはる	74期	1988	1995	『哀しみのコルドバ』『メガ・ヴィジョン』
純《じゅん》名《な》里《り》沙《さ》	76期	1990	1996	『ハウ・トゥー・サクシード』
千《せん》ほさち	80期	1994	1998	『SPEAKEASY』『スナイパー』
大鳥《おおとり》れい	79期	1993	2003	『エリザベート ―愛と死の輪舞―』
ふづき美《み》世《よ》	81期	1995	2006	『落陽のパレルモ』『ASIAN WINDS!』
桜《さくら》乃《の》彩《あや》音《ね》	88期	2002	2010	『虞美人 ―新たなる伝説―』
蘭《らん》乃《の》はな	92期	2006	2014	『エリザベート ―愛と死の輪舞―』
花《か》乃《の》まりあ	96期	2010	2017	『雪華抄』『金色の砂漠』
仙《せん》名《な》彩《あや》世《せ》	94期	2008	2019	『CASANOVA』
華《はな》優《ゆう》希《き》	100期	2014	2021	『アウグストゥス―尊厳ある者―』『Cool Beast!!』
星風《ほしかぜ》まどか	100期	2014		

月組トップスター&トップ娘役一覧

トップスター

名前	期	入団	退団	退団公演
大滝《だいたき》子《こ》　※2	49期	1963	1976	『スパーク&スパーク』『長靴をはいた猫』
榛《はる》名《な》由《ゆ》梨《り》	49期	1963	1988	※1982年に専科に移動、退団公演は星組『戦争と平和』
大《だい》地《ち》真《ま》央《お》	59期	1973	1985	『二都物語』『ヒート・ウェーブ』
剣《つるぎ》 幸《みゆき》	60期	1974	1990	『川霧の橋』『ル・ポアゾン 愛の媚薬』
涼風《すずかぜ》真《ま》世《よ》	67期	1981	1993	『グランドホテル』『BROADWAY BOYS』
天《あま》海《み》祐《ゆう》希《き》	73期	1987	1995	『ME AND MY GIRL』
久《く》世《ぜ》星《せい》佳《か》	69期	1983	1997	『バロンの末裔』『グランド・ベル・フォリー』
真《ま》琴《こと》つばさ	71期	1985	2001	『愛のソナタ』『ESP!!』
紫《し》吹《ぶき》 淳《じゅん》	72期	1986	2004	『薔薇の封印』
彩《あや》輝《き》直《なお》	76期	1990	2005	『エリザベート ―愛と死の輪舞―』
瀬《せ》奈《な》じゅん	78期	1992	2009	『ラスト・プレイ』『Heat on Beat!』
霧《きり》矢《や》大《ひろ》夢《む》	80期	1994	2012	『エドワード8世 ―王冠を賭けた恋―』『Misty Station』
龍《りゅう》 真《ま》咲《さき》	87期	2001	2016	『NOBUNAGA〈信長〉 ―下天の夢―』『Forever LOVE!!』
珠《たま》城《き》りょう	94期	2008	2021	『桜嵐記（おうらんき）』『Dream Chaser』
月城《つきしろ》かなと	95期	2009		

※2）1974年は榛名由梨とダブルトップ

トップ娘役

名前	期	入団	退団	退団公演
黒《くろ》木《き》 瞳《ひとみ》	67期	1981	1985	『二都物語』『ヒート・ウェーブ』
こだま愛《あい》	66期	1980	1990	『川霧の橋』『ル・ポアゾン 愛の媚薬』
麻《あさ》乃《の》佳《か》世《よ》	74期	1988	1995	『ME AND MY GIRL』
風《かざ》花《はな》舞《まい》	76期	1990	1999	『黒い瞳』『ル・ボレロ・ルージュ』
檀《だん》れい	78期	1992	2005	※2001年に専科、2003年に星組へ
映《え》美《み》くらら	85期	1999	2005	『飛鳥夕映え』 『タカラヅカ絢爛II ―灼熱のカリビアン・ナイト―』
彩《あや》乃《の》かなみ	83期	1997	2008	『ME AND MY GIRL』
蒼《あお》乃《の》夕《ゆ》妃《き》	90期	2004	2012	『エドワード8世 ―王冠を賭けた恋―』『Misty Station』
愛《まな》希《き》れいか	95期	2009	2018	『エリザベート ―愛と死の輪舞―』
美《み》園《その》さくら	99期	2013	2021	『桜嵐記（おうらんき）』『Dream Chaser』
海《うみ》乃《の》美《み》月《つき》	97期	2011		

雪組トップスター&トップ娘役一覧

トップスター

名前	期	入団	退団	退団公演
汀《みぎわ》夏《なつ》子《こ》 ※3	50期	1964	1980	『去りゆきし君がために』
麻《あ》実《さみ》れい	56期	1970	1985	『花夢幻』『はばたけ黄金の翼よ』
平《たいら》みち	59期	1973	1988	『たまゆらの記』『ダイナモ!』
杜《もり》けあき	65期	1979	1993	『忠臣蔵～花に散り雪に散り～』
一《いち》路《ろ》真《ま》輝《き》	68期	1982	1996	『エリザベート ―愛と死の輪舞―』
高《たか》嶺《ね》ふぶき	69期	1983	1997	『仮面のロマネスク』『ゴールデン・デイズ』
轟《とどろき》悠《ゆう》	71期	1985		※2002年に専科に移動
絵《え》麻《ま》緒《お》ゆう	73期	1987	2002	『追憶のバルセロナ』『ON THE 5th』
朝《あさ》海《み》ひかる	77期	1991	2006	『堕天使の涙』『タランテラ!』
水《みず》夏《なつ》希《き》	79期	1993	2010	『ロジェ』『ロック・オン!』
音《おと》月《づき》桂《けい》	84期	1998	2012	『JIN―仁―』『GOLD SPARK！―この一瞬を永遠に―』
壮《そう》一《かず》帆《ほ》	82期	1996	2014	『一夢庵風流記 前田慶次』『My Dream TAKARAZUKA』
早《さ》霧《きり》せいな	87期	2001	2017	『幕末太陽傳』『Dramatic "S"！』
望《のぞ》海《み》風《ふう》斗《と》	89期	2003	2021	『f f f―フォルティッシッシモ―』～歓喜に歌え！～ 『シルクロード～盗賊と宝石～』
彩《あや》風《かぜ》咲《さき》奈《な》	93期	2007		

※3）1970～72年は郷ちぐさとダブルトップ

トップ娘役

名前	期	入団	退団	退団公演
遥《はるか》くらら	60期	1974	1984	『風と共に去りぬ』
神《かん》奈《な》美《み》帆《ほ》	69期	1983	1988	『たまゆらの記』『ダイナモ！』
鮎《あゆ》ゆうき	71期	1985	1991	『華麗なるギャツビー』『ラバーズ・コンチェルト』
紫《むらさき》とも	70期	1984	1994	『ブルボンの封印』『コート・ダジュール』
花《はな》總《ふさ》まり	77期	1991	2006	※1998年に宙組に組替え
月《つき》影《かげ》瞳《ひとみ》	76期	1990	2002	『愛 燃える』『Rose Garden』
紺《こん》野《の》まひる	82期	1996	2002	『追憶のバルセロナ』『ON THE 5th』
舞《まい》風《かぜ》りら	81期	1995	2006	『堕天使の涙』『タランテラ!』
白《しら》羽《はね》ゆり	84期	1998	2009	『風の錦絵』『ZORRO 仮面のメサイア』
愛《あい》原《はら》実《み》花《か》	90期	2004	2010	『ロジェ』『ロック・オン!』
舞《まい》羽《はね》美《み》海《み》	93期	2007	2012	『JIN-仁-』『GOLD SPARK！―この一瞬を永遠に―』
愛《ま》加《なか》あゆ	91期	2005	2014	『一夢庵風流記 前田慶次』『My Dream TAKARAZUKA』
咲《さき》妃《ひ》みゆ	96期	2010	2017	『幕末太陽傳』『Dramatic "S"！』
真《ま》彩《あや》希《き》帆《ほ》	98期	2012	2021	『f f f―フォルティッシッシモ―』～歓喜に歌え！～ 『シルクロード～盗賊と宝石～』
朝《あさ》月《づき》希《き》和《わ》	96期	2010	2022	『蒼穹の昴』
夢《ゆめ》白《しろ》あや	103期	2017		

星組トップスター&トップ娘役一覧

トップスター

名前	期	入団	退団	退団公演
鳳《おおとり》蘭《らん》 ※4	50期	1964	1979	『白夜わが愛 ―朱鷺の墓より―』※専科として出演
瀬《せ》戸《と》内《うち》美《み》八《や》	52期	1966	1983	『オルフェウスの窓 ―イザーク編―』
峰《みね》さを理《り》	58期	1972	1987	『別離の肖像』
日向《ひゅうが》薫《かおる》	62期	1976	1992	『紫禁城の落日』
紫《し》苑《おん》ゆう	64期	1978	1994	『カサノヴァ・夢のかたみ』『ラ・カンタータ!』
麻《あさ》路《じ》さき	69期	1983	1998	『皇帝』『ヘミングウェイ・レビュー』
稔《みのる》幸《こう》	71期	1985	2001	『ベルサイユのばら2001 ―オスカルとアンドレ編―』
香《こう》寿《じゅ》たつき	72期	1986	2003	『ガラスの風景』『バビロン―浮遊する摩天楼―』
湖《こ》月《づき》わたる	75期	1989	2006	『愛するには短すぎる』『ネオ・ダンディズム!』
安《あ》蘭《らん》けい	77期	1991	2009	『My dear New Orleans ―愛する我が街―』『ア ビヤント』
柚《ゆ》希《ずき》礼《れ》音《おん》	85期	1999	2015	『黒豹の如く』『Dear DIAMOND!!』
北《ほく》翔《しょう》海《かい》莉《り》	84期	1998	2016	『桜華に舞え』『ロマンス!!（Romance）』
紅《くれない》ゆずる	88期	2002	2019	『GOD OF STARS ―食聖―』『Éclair Brillant』
礼《れい》真《ま》琴《こと》	95期	2009		

※4）1970〜74は安奈淳とダブルトップ

トップ娘役

名前	期	入団	退団	退団公演
姿《すがた》晴《はる》香《か》	59期	1973	1983	『アルジェの男』『ザ・ストーム』
湖《こ》条《じょう》れいか	61期	1975	1986	『レビュー交響楽』
南風《みなかぜ》まい ※5	65期	1979	1988	『戦争と平和』
毬《まり》藻《も》えり	67期	1981	1991	『紫禁城の落日』
白《しら》城《き》あやか	74期	1988	1997	『エリザベート ―愛と死の輪舞―』
月影《つきかげ》瞳《ひとみ》	76期	1990	2002	※1997年に雪組に組替え
星《ほし》奈《な》優《ゆ》里《り》	76期	1990	2001	『ベルサイユのばら2001 ―オスカルとアンドレ編―』
渚《なぎさ》あき	74期	1988	2003	『ガラスの風景』『バビロン―浮遊する摩天楼―』
檀《だん》れい	78期	1992	2005	『長崎しぐれ坂』『ソウル・オブ・シバ!!』
白羽《しらはね》ゆり	84期	1998	2009	※2007年に雪組に組替え
遠《とお》野《の》あすか	84期	1998	2009	『My dear New Orleans ―愛する我が街―』『ア ビヤント』
夢咲《ゆめさき》ねね	89期	2003	2015	『黒豹の如く』『Dear DIAMOND!!』
妃《ひ》海《なみ》風《ふう》	95期	2009	2016	『桜華に舞え』『ロマンス!!（Romance）』
綺《き》咲《さき》愛《あい》里《り》	96期	2010	2019	『GOD OF STARS ―食聖―』『Éclair Brillant』
舞空《まいそら》瞳《ひとみ》	102期	2016		

※5）湖条れいかとのダブルトップ期間あり。

宙組トップスター&トップ娘役一覧

トップスター

名前	期	入団	退団	退団公演
姿月《しづき》あさと	73期	1987	2000	『砂漠の黒薔薇』『GLORIOUS!!』
和央《わお》ようか	74期	1988	2006	『NEVER SAY GOODBYE ―ある愛の軌跡―』
貴城《たかしろ》けい	78期	1992	2007	『維新回天・竜馬伝! ―硬派・坂本竜馬III―』 『ザ・クラシック ―I LOVE CHOPIN―』
大和悠河《やまとゆうが》	81期	1995	2009	『薔薇に降る雨』『Amour それは…』
大空祐飛《おおぞらゆうひ》	78期	1992	2012	『華やかなりし日々』『クライマックス』
凰稀《おうき》かなめ	86期	2000	2015	『白夜の誓い -グスタフIII世、誇り高き王の戦い-』 『PHOENIX 宝塚!! ―蘇る愛―』
朝夏《あさか》まなと	88期	2002	2017	『神々の土地〜ロマノフたちの黄昏〜』 『クラシカル ビジュー』
真風涼帆《まかぜすずほ》	92期	2006		

トップ娘役

名前	期	入団	退団	退団公演
花總《はなふさ》まり	77期	1991	2006	『NEVER SAY GOODBYE ―ある愛の軌跡―』
紫城《しじょう》るい	83期	1997	2007	『維新回天・竜馬伝! - 硬派・坂本竜馬 III-』 『ザ・クラシック ー I LOVE CHOPIN ー』
陽月華《ひづきはな》	86期	2000	2009	『薔薇に降る雨』『Amour それは…』
野々《のの》すみ花《か》	91期	2005	2012	『華やかなりし日々』『クライマックス』
実咲凜音《みさきりおん》	95期	2009	2017	『王妃の館』『VIVA! FESTA!』
星風《ほしかぜ》まどか	100期	2014		※2021年に専科へ異動、同年花組トップ娘役に就任
潤花《じゅんはな》	102期	2016		

「ベルばら」以前のトップスターについて

現在のように各組のトップスターをはっきりと決めて明示するシステムが確立したのは『ベルサイユのばら』以降だといわれる。それ以前にも各組にトップスター的な存在の人はいたが、公演ごと、時にはお芝居とショーとで主演が変わったり、専科や他組からの特別出演の人が主演を務めたりすることもあった。

トップ娘役について

固定のトップ娘役が常にトップスターの相手役を務める「トップコンビ制」が定着したのは80年代以降である。そのため、トップ娘役については80年代以降の人を紹介している。

おわりに

本をつくるのは舞台をつくるのに似ているのではないか、そう思ってきました。

自称「タカラヅカ本業界のトップコンビ」をともに目指してきた牧彩子さん。何と！　第二子ご出産という大変な時期にもかかわらず、１ミリの妥協も許さぬこだわりの仕事ぶりで、今回も素敵なイラストを描いてくださいました。

著者が役者なら編集者は演出家といえるでしょう。編集担当の佐藤美星さん、打ち合わせのたびに毎回「お洒落なカフェ」を探してくれてありがとう。この本にはそんな彼女のユニークで新鮮な感性がいたるところに散りばめられています。

せっかくなのでこの場をお借りして、お二人にも今のお気持ちを語っていただきましょうか。

牧さん「最強の宝塚ファントリオの連携プレーで、とても濃厚な本が完成いたしました。2人育児の大変さを痛感しながらも、沢山の人に助けられながら描き終える事ができました。本当にありがとうございました！」

佐藤さん「タカラヅカのことを考え続けた日々でした。中本先生・牧様のゴールデンコンビの一番のファンは私だと豪語させていただきます。ご一緒にお仕事できて幸せでした〜！」

　つくる過程自体がとても楽しい本でした。完成とともに、この時間も終わってしまうと思うと、ちょっぴり淋しさも感じてしまいます。

　私たちのこの「熱」を皆さまと共有できれば、これ以上の喜びはありません。また劇場でも、お会いしましょう！

第3章の登場作品一覧

主要参考文献

- 『歌劇』『宝塚GRAPH』 宝塚歌劇団
- 『公演プログラム』『ル・サンク』 宝塚歌劇団
- 『宝塚歌劇五十年史』『夢を描いて華やかに　宝塚歌劇80年史』
  『すみれ花歳月を重ねて　宝塚歌劇90年史』 宝塚歌劇団
- 『宝塚音楽学校』 宝塚歌劇団　1994年

- 朝日新聞出版［編］『宝塚歌劇　華麗なる100年』 朝日新聞出版、2014年
- 井上理恵　『菊田一夫の仕事　浅草・日比谷・宝塚』 社会評論社、2011年
- 植田紳爾・川崎賢子　『宝塚百年を越えて　植田紳爾に聞く』 国書刊行会、2014年
- 江藤茂博［編］『宝塚歌劇団スタディーズ』 戎光祥出版　2007年
- 小山内伸　『ミュージカル史』 中央公論新社、2016年
- おーちようこ　『2.5次元舞台へようこそ』 星海社〈新書〉、2017年
- 小林一三　『逸翁自叙伝』 阪急電鉄、2000年
- 小林米三　『見たこと　聞いたこと　感じたこと　ー我がタカラヅカー』 阪急電鉄、2001年
- 阪田寛夫　『わが小林一三　ー清く正しく美しく』 河出書房新社〈文庫〉、1991年
- 松竹歌劇団　『レビューと共に半世紀ー松竹歌劇団50年のあゆみ』 国書刊行会、1978年
- 白井鐵造『宝塚と私』 中林出版、1967年
- 高木史朗　『宝塚のわかる本　舞台裏のタカラジェンヌ』 廣済堂出版、1976年
- 高木史朗　『レヴューの王様　ー白井鐵造と宝塚ー』 河出書房新社、1983年
- 宝塚歌劇検定委員会　『宝塚歌劇検定 公式基礎ガイド2010』
  阪急コミュニケーションズ、2010年
- 津金澤聰廣・近藤久美［編著］『近代日本の音楽文化とタカラヅカ』
  世界思想社、2006年
- 辻則彦　『男たちの宝塚』 神戸新聞総合出版センター、2004年
- 中本千晶　『宝塚歌劇に誘う7つの扉』 東京堂出版、2016年
- 中本千晶　『宝塚歌劇は「愛」をどう描いてきたか』 東京堂出版、2015年
- 中本千晶　『タカラヅカ100年100問100答』 東京堂出版、2014年
- 中本千晶　『ヅカファン道』 東京堂出版、2012年
- 中本千晶　『なぜ宝塚歌劇の男役はカッコイイのか』 東京堂出版、2011年
- 橋本雅夫　『宝塚歌劇今昔物語ータカラジェンヌよ永遠に』小学館、2002年
- 阪急学園池田文庫［編］『宝塚歌劇における民俗芸能と渡辺武雄』
  阪急学園池田文庫、2011年
- 牧彩子　『寝ても醒めてもタカラヅカ!!』平凡社、2018年
- ミヒャエル・クンツェ／シルヴェスター・リーヴァイ／小池修一郎
  『オール・インタビューズ　ミュージカル『エリザベート』はこうして生まれた』
  日之出出版、2016年
- 吉田弥生・阿部さとみ　『歌舞伎と宝塚歌劇ー相反する、密なる百年』
  開成出版、2014年
- 渡辺 諒　『フランス・ミュージカルへの招待』 春風社、2013年

宝塚歌劇公式ホームページ　https://kageki.hankyu.co.jp/index.html

文

中本千晶　Chiaki Nakamoto

山口県周南市出身。東京大学法学部卒業後、株式会社リクルート勤務を経て独立。2023年、早稲田大学大学院文学研究科にて博士（演劇学）学位を取得したタカラヅカ博士。舞台芸術、とりわけ宝塚歌劇に深い関心を寄せ、独自の視点で分析し続けている。主著に『なぜ宝塚歌劇の男役はカッコイイのか』『宝塚歌劇に誘（いざな）う7つの扉』（東京堂出版）、『鉄道会社がつくった「タカラヅカ」という奇跡』（ポプラ社）、『タカラヅカの解剖図鑑』（エクスナレッジ）など。Yahoo!ニュース個人で公演評などを執筆。日経MJ「中本千晶のレビューれびゅー」連載中。早稲田大学講師。Twitter@kappanosuke

イラスト

牧彩子　Ayako Maki

1981年生まれ。京都市立芸術大学卒業後、宝塚歌劇のイラストを中心に活動中。宝塚歌劇情報誌TCA PRESSでのイラスト連載や歌劇関連書籍の挿絵を多く手がける。公演毎のツボなどもSNSで発信。自著『いつも心にタカラヅカ!!』（平凡社／2021年）好評発売中。Twitterアカウント@maki_sun

タカラヅカの
解剖図鑑

2019年12月14日　初版第１刷発行
2023年３月23日　　　第４刷発行

著者　中本千晶

イラスト　牧彩子

発行者　澤井聖一

発行所　株式会社エクスナレッジ
〒106-0032
東京都港区六本木7-2-26
https://www.xknowledge.co.jp/

問合せ先　編集　Tel：03-3403-1381
Fax：03-3403-1345
info@xknowledge.co.jp
販売　Tel：03-3403-1321
Fax：03-3403-1829